FiNALE
Prüfungstraining

Nordrhein-Westfalen
Mittlerer Schulabschluss 2015

Arbeitsheft
Deutsch

Peter Delp
Andrea Heinrichs
Harald Stöveken
Martina Wolff

westermann

Liebe Schülerin, lieber Schüler,

unter **www.finaleonline.de** findest du interaktive Testaufgaben, mit denen du vorab deinen Leistungsstand ermitteln kannst. Das Testergebnis verweist dann auf bestimmte Aufgaben in diesem Arbeitsheft, mit denen du zu deinem Fehlerschwerpunkt üben kannst.
Außerdem findest du auf der Webseite die Original-Prüfungsaufgaben 2014 mit ausführlichen Lösungen. Sobald die Prüfungsaufgaben zur Veröffentlichung freigegeben sind, kannst du die Materialien mit folgendem Codewort kostenlos herunterladen:

DEwmY8p

Leider ist es uns nicht in allen Fällen gelungen, die Rechteinhaber ausfindig zu machen und um Abdruckgenehmigung zu bitten. Ansprüche der Rechteinhaber werden selbstverständlich im Rahmen der üblichen Konditionen abgegolten.

© 2014 Bildungshaus Schulbuchverlage
Westermann Schroedel Diesterweg Schöningh Winklers GmbH, Braunschweig
www.westermann.de

Das Werk und seine Teile sind urheberrechtlich geschützt. Jede Nutzung in anderen als den gesetzlich zugelassenen Fällen bedarf der vorherigen schriftlichen Einwilligung des Verlages. Hinweis zu § 52a UrhG: Weder das Werk noch seine Teile dürfen ohne eine solche Einwilligung gescannt und in ein Netzwerk eingestellt werden. Dies gilt auch für Intranets von Schulen und sonstigen Bildungseinrichtungen.
Auf verschiedenen Seiten dieses Buches befinden sich Verweise (Links) auf Internet-Adressen. Haftungshinweis: Trotz sorgfältiger inhaltlicher Kontrolle wird die Haftung für die Inhalte der externen Seiten ausgeschlossen. Für den Inhalt dieser externen Seiten sind ausschließlich deren Betreiber verantwortlich. Sollten Sie bei dem angegebenen Inhalt des Anbieters dieser Seite auf kostenpflichtige, illegale oder anstößige Inhalte treffen, so bedauern wir dies ausdrücklich und bitten Sie, uns umgehend per E-Mail davon in Kenntnis zu setzen, damit beim Nachdruck der Verweis gelöscht wird.

Druck A[1] / Jahr 2014
Alle Drucke der Serie A sind im Unterricht parallel verwendbar.

Redaktion: Katrin Spiller
Kontakt: finale@westermann.de
Layout und Umschlaggestaltung: Sandra Grünberg
Satz: KCS GmbH · Verlagsservice & Medienproduktion, Stelle / Hamburg
Druck und Bindung: westermann druck GmbH, Braunschweig

ISBN 978-3-14-**171506**-4

Inhaltsverzeichnis

Was erwartet dich in diesem Heft? ... 4

A Vorbereitung auf die Abschlussprüfung
- A 1 Vorgaben für die Prüfung ... 5
- A 1.1 Die Zeitvorgaben in der Prüfung ... 5
- A 1.2 Erfahrungen auswerten: Zeitplanung und Zeitkontrolle ... 6
- A 1.3 Was bedeutet die Aufgabenstellung „informiere …"? ... 7
- A 1.4 Was wird bei der Aufgabenstellung „Analysiere …" erwartet? ... 8
- A 1.5 Was bedeutet die Aufgabenstellung „Untersuche und vergleiche"? ... 9
- A 2 Die Prüfungsaufgaben ... 10
- A 2.1 Die Überprüfung des Leseverstehens ... 10
- A 2.2 Die Schreibaufgabe: ein Beispiel (Aufgabentyp 4a) ... 16

B Arbeitstechniken und Strategien zur Bearbeitung von Schreibaufgaben
- B 1 Arbeitstechnik: Im Wörterbuch nachschlagen ... 21
- B 2 Arbeitstechnik: Texte erschließen und Inhalte zusammenfassen – literarische Texte ... 22
- B 3 Arbeitstechnik: Texte erschließen und Inhalte zusammenfassen – Sachtexte ... 24
- B 4 Arbeitstechnik: Schaubilder auswerten ... 26
- B 5 Schreibaufgabe zu einem informativen Text in sechs Schritten bearbeiten ... 28
- B 6 Schreibaufgabe zu einem Sachtext in sechs Schritten bearbeiten ... 37
- B 7 Schreibaufgabe zu einem erzählenden Text in sechs Schritten bearbeiten ... 47
- B 8 Schreibaufgabe zu einem Gedicht in sechs Schritten bearbeiten ... 55
- B 9 Schreibaufgabe zu Sachtext und Schaubild in sechs Schritten bearbeiten ... 63

C Prüfungsaufgaben zum Themenbereich „Mensch und Natur"
- C 1 Leseverstehen: Der Mann ohne Müll (angeleitetes Üben) ... 69
- C 2 Aufgabentyp 2: Das Freiwillige Ökologische Jahr (angeleitetes Üben) ... 75
- C 3 Aufgabentyp 2: Lärmbelastung in der Schule (angeleitetes Üben) ... 79
- C 4 Aufgabentyp 2: Jugendreport Natur 2010 (angeleitetes Üben) ... 83
- C 5 Aufgabentyp 2: Robinson Crusoe (selbstständiges Üben) ... 87

D Prüfungsaufgaben zum Themenbereich „Recht und Gerechtigkeit"
- D 1 Leseverstehen: Menschenrechte - Grundrechte - Bürgerrechte (angeleitetes Üben) ... 91
- D 2 Aufgabentyp 4a: Bertolt Brecht: Der Augsburger Kreidekreis (angeleitetes Üben) ... 97
- D 3 Aufgabentyp 4a: Die Prinzen: Ungerechtigkeit (angeleitetes Üben) ... 101
- D 4 Aufgabentyp 4a: Textauszug aus Rafik Schami: Eine Hand voller Sterne (selbstständiges Üben) ... 105

E Prüfungsaufgaben zum Themenbereich „Stereotype - Vorurteile"
- E 1 Leseverstehen: Milchschnitten statt Zuwendung (angeleitetes Üben) ... 107
- E 2 Aufgabentyp 4b: Wandel der Geschlechterrollen (angeleitetes Üben) ... 113
- E 3 Aufgabentyp 4b: Ellenbogen und Strafen/Tränen und Bier (angeleitetes Üben) ... 119
- E 4 Aufgabentyp 4b: Die heimliche Revolution (selbstständiges Üben) ... 125

F Original-Prüfungsaufgaben: Mittlerer Schulabschluss NRW
- F 1 Leseverstehen: Das Legomännchen über den Wolken (2013) ... 127
- F 2 Augabentyp 2: Der Autor Klaus Kordon (2013) ... 131
- F 3 Aufgabentyp 4a: John Green: Eine wie Alaska (2013) ... 135
- F 4 Aufgabentyp 4b: Kinder und Jugendliche und der öffentliche Raum (2008) ... 137

Glossar
... 140

Was erwartet dich in diesem Heft?

Du bist in der 10. Klasse und vor dir liegt die Zentrale Prüfung nach Klasse 10, das große „FiNALE". Darauf will dich dieses Heft vorbereiten. Es gibt dir die Möglichkeit, dich mit den Prüfungsaufgaben und ihren Anforderungen vertraut zu machen.

Im **Teil A** erhältst du Hinweise, wie du dich zweckmäßig auf die Prüfung vorbereiten kannst.
An Beispielen lernst du Prüfungsaufgaben und ihre Bewertung kennen.

Im **Teil B** wiederholst du wichtige Arbeitstechniken und Strategien, wie du Schreibaufgaben bearbeitest.
Zu jedem Arbeitsschritt – von der ersten Orientierung bis zur Überarbeitung deines Textes – bekommst du wichtige Informationen und hilfreiche Tipps.

In den **Teilen C, D** und **E** findest du Prüfungsbeispiele zu den Themenbereichen „Mensch und Natur", „Recht und Gerechtigkeit" und „Stereotype-Vorurteile".
Manche Prüfungsbeispiele enthalten Lösungshilfen, die darauf hinweisen, worauf du bei der Erschließung der Texte und bei der Anlage deines Schreibplans achten musst. Diese Prüfungsbeispiele sind mit dem Zusatz „angeleitetes Üben" versehen.
Andere Prüfungsbeispiele sind zum selbstständigen Üben gedacht und ebenfalls mit einem entsprechenden Hinweis versehen (selbstständiges Üben).

Teil F bietet Original-Prüfungsaufgaben, die dir einen Eindruck von den Prüfungsanforderungen vermitteln. Die zentrale Prüfungsarbeit 2014 ist zum Zeitpunkt des Drucks dieses Arbeitsheftes noch nicht geschrieben worden. Sobald die Original-Prüfungsaufgaben zur Veröffentlichung freigegeben worden sind, können sie unter www.finaleonline.de zusammen mit ausführlichen Lösungen kostenlos mit dem Codewort **DEwmY8p** heruntergeladen werden.

Mit dem **Glossar** schließt dieses Arbeitsheft zur Abschlussprüfung. Hier kannst du wichtige Grundbegriffe zur Erschließung von literarischen Texten und Sachtexten nachschlagen.

Und natürlich gibt es ein **Lösungsheft**, in dem du die Richtigkeit jedes Arbeitsschrittes überprüfen kannst. Außerdem findest du zu jeder Original-Prüfungsaufgabe eine mögliche Musterlösung, sodass du einschätzen kannst, was von dir in der Abschlussprüfung erwartet wird.

In diesem Arbeitsheft findest du Schreibraum für wichtige vorbereitende Notizen.
Darauf verweist auf den Prüfungsvorlagen (auf blauem Fond) dieses Zeichen:

Deinen Text zur Schreibaufgabe musst du allerdings auf einem Extrablatt anfertigen.
Dies gilt auch, wenn du bei bestimmten Aufgaben diesem Zeichen begegnest:

Das Zeichen mit der Uhr findest du in den Teilen C, D und E:
Damit du ein Gefühl für die zur Verfügung stehende Arbeitszeit bekommst, solltest du dir bei diesen Prüfungsaufgaben eine Uhr bereitstellen (siehe Seite 6).

Wir hoffen, dass du dich nach der Bearbeitung dieses Heftes sicher für das „FiNALE" fühlst, und wünschen dir für die Prüfung toi, toi, toi.

Das Autorenteam

A Vorbereitung auf die Abschlussprüfung
A 1 Vorgaben für die Prüfung
A 1.1 Die Zeitvorgaben in der Prüfung

INFO

Die schriftliche Abschlussprüfung in Deutsch dauert 150 Minuten. Sie besteht aus zwei Teilen:

Teil I: Prüfung des Leseverstehens
Du sollst zeigen, dass du den Inhalt eines Textes verstanden hast. Dazu werden dir Fragen gestellt, die du in 30 Minuten beantworten sollst.

Teil II: Schreibaufgabe
Du erhältst zwei Prüfungsvorlagen zur Auswahl. Innerhalb von 10 Minuten musst du dich für eine Vorlage entscheiden. Entweder musst du einen literarischen Text (Erzählung, Gedicht) analysieren oder du musst einen informativen Text verfassen oder die Aussagen mehrerer Texte (z.B. Sachtexte, Schaubilder, literarische Texte) vergleichen. Für diese Schreibaufgabe stehen dir 120 Minuten zur Verfügung.

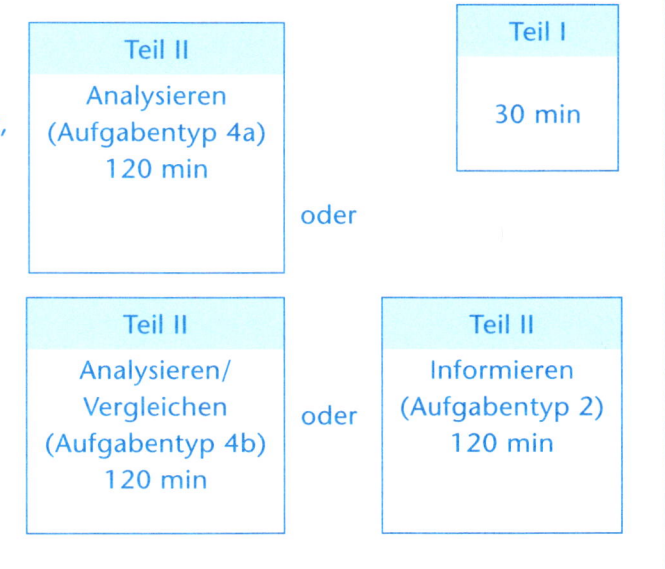

1. Trage auf diesem Zeitstrahl ein, wie viel Zeit für die einzelnen Prüfungsteile zur Verfügung steht.

   8.00   8.30   9.00   9.30   10.00   10.30   11.00   11.30   12.00 Uhr

2. In diesem Heft findest du in den Teilen A bis F verschiedene Prüfungsbeispiele. Schreibe die Seitenangaben auf.

   Aufgaben zum Leseverstehen:

   _____

   _____

   Verfassen eines informativen Textes (Aufgabentyp 2):

   _____

   _____

   Analyse eines Textes (Aufgabentyp 4a):

   _____

   _____

   Analyse/Vergleich von Texten bzw. Schaubildern (Aufgabentyp 4b):

   _____

   _____

A 1.2 Erfahrungen auswerten: Zeitplanung und Zeitkontrolle

1. Für die Bearbeitung von Teil II der schriftlichen Prüfung hast du 120 Minuten Zeit. Es ist daher wichtig, dass du ein Gefühl für diese Zeit bekommst. Bearbeite die Prüfungsbeispiele in den Teilen C bis E deshalb immer mit einer Uhr und halte die Zeiten fest.

a) Prüfungsbeispiel: _____	geplante Zeit	benötigte Zeit
1. Sich über den Text/die Texte und die Aufgabenstellung orientieren		
2. Aufgabentext oder -texte lesen und Inhalt(e) erfassen		
3. Aufgabentext oder -texte untersuchen und auswerten		
4. Einen Schreibplan anlegen		
5. Deinen Text schreiben		
6. Deinen Text überarbeiten		
	120 Minuten	

b) Prüfungsbeispiel: _____	geplante Zeit	benötigte Zeit
1. Sich über den Text/die Texte und die Aufgabenstellung orientieren		
2. Aufgabentext oder -texte lesen und Inhalt(e) erfassen		
3. Aufgabentext oder -texte untersuchen und auswerten		
4. Einen Schreibplan anlegen		
5. Deinen Text schreiben		
6. Deinen Text überarbeiten		
	120 Minuten	

c) Prüfungsbeispiel: _____	geplante Zeit	benötigte Zeit
1. Sich über den Text/die Texte und die Aufgabenstellung orientieren		
2. Aufgabentext oder -texte lesen und Inhalt(e) erfassen		
3. Aufgabentext oder -texte untersuchen und auswerten		
4. Einen Schreibplan anlegen		
5. Deinen Text schreiben		
6. Deinen Text überarbeiten		
	120 Minuten	

2. Notiere: Wo gab es Abweichungen von deiner Planung? Welche Schlüsse ziehst du daraus?

_____

_____

_____

A 1.3 Was bedeutet die Aufgabenstellung „informiere …"?

Die Aufgabenstellung unten könnte aus einer Prüfung stammen, in der du einen informativen Text verfassen sollst. (Achtung: Die zugehörigen Texte und Materialien fehlen hier).

❶ Die Umwelt-AG deiner Schule plant eine Info-Wand, auf der ihr über Berufe in der Natur informieren wollt. Du hast dich für den Beruf des Försters entschieden. Verfasse einen informativen Text für deine Mitschülerinnen und Mitschüler und informiere sie darin über dieses Berufsbild.
   a) <u>Formuliere</u> für den Text eine passende Überschrift.
   b) Formuliere einen Einleitungsteil, in dem du <u>nennst</u>, worüber du informieren willst.
   c) Stelle die vielfältigen Aufgaben und Einsatzorte eines Försters anhand von Beispielen aus dem Material ausführlich dar.
   d) Erläutere die Zukunftsperspektiven eines Försters und begründe sie.
   e) Schlussfolgere anhand der Materialien und eigener Überlegungen, welche Eigenschaften und Fähigkeiten jemand mitbringen sollte, der Förster werden will.
   f) Notiere unterhalb deines Textes die von dir genutzten Materialien.

INFO zu 2.

verfassen: einen Text formulieren
(be)nennen: Informationen zusammentragen
beschreiben: Textaussagen oder Sachverhalte in eigenen Worten strukturiert wiedergeben
darstellen: Inhalte, Aussagen oder Zusammenhänge sachlich und strukturiert formulieren
erläutern: Sachverhalte oder Textaussagen veranschaulichen und durch zusätzliche Informationen verständlich machen
erklären: Textaussagen, Sachverhalte auf der Basis von Kenntnissen und Einsichten darstellen
begründen: eigene Aussagen erklären, z. B. durch Konjunktionen (*weil, denn, …*) einleiten
schlussfolgern: auf der Grundlage gegebener Informationen zu eigenen Erkenntnissen gelangen

1. Die Aufgabenstellungen geben dir Hinweise zum Adressaten, der Situation bzw. dem Thema und dem Schreibziel. Markiere diese Stellen und notiere sie:

   Adressat: _____

   Situation/Thema: _____

   Schreibziel: _____

2. In den Aufgabenstellungen ❶ a) und b) ist unterstrichen worden, was von dir erwartet wird. Unterstreiche auch in den weiteren Teilaufgaben, was du tun sollst. Die Verben geben dir Hinweise. Vergleiche deine Lösung mit der Info zu 2.

3. Schreibe in einem kurzen Satz auf, welche Materialien du verwendet hast.

INFO zu 1.

Um einen informativen Text schreiben zu können, musst du dir Folgendes verdeutlichen:
– An welchen **Adressaten** richtest du dich?
– **Worüber** sollst du informieren (Situation/Thema)?
– Welches **Schreibziel** hast du?
– Welche **Informationen** aus dem vorgegebenen Material sind für deinen Text geeignet?
Orientiere dich sprachlich und inhaltlich an deinem Adressaten.

INFO zu ❶ f)

Zum Schluss sollst du die von dir genutzten Materialien angeben. Damit vergewisserst du dich, dass du die Materialien, die du nennst, bewusst bearbeitet hast. Außerdem machst du deutlich, dass die Informationen der Materialien nicht von dir persönlich stammen, sondern andere Urheber haben.

A 1.4 Was wird bei der Aufgabenstellung „Analysiere …" erwartet?

1. Die Aufgabenstellung unten könnte aus einer Prüfungsvorlage stammen, bei der du einen erzählenden Text untersuchen sollst. Lies die Aufgaben. (Achtung: Der zugehörige Text fehlt hier.)

> ❶ Analysiere den Text „Das Wiedersehen" von Gertrud Schneller. Gehe dabei folgendermaßen vor:
> a) Schreibe eine Einleitung, in der du Titel, Autorin, Textsorte und Thema benennst.
> b) Fasse den Inhalt in eigenen Worten zusammen.
> c) Beschreibe Peters Situation.
> d) Stelle anhand von Textbeispielen Peters und Jeans Gefühlslage dar.
> e) Erkläre die Überschrift „Das Wiedersehen" und erläutere die Textaussage.
>
> ❷ In den Zeilen 51 bis 53 sagt Peter: *„Die wirkliche Strafe, weißt du, die kommt erst jetzt."* Erläutere, was er damit meint, und nimm Stellung zu dieser Aussage.

2. a) In der Aufgabenstellung oben ist in einer Unterstreichung hervorgehoben worden, was von dir erwartet wird. Unterstreiche auch in den weiteren Unteraufgaben, was du tun sollst. Die Verben geben dir Hinweise.
   b) Lies die Info rechts. Sie erklärt, was unter den Arbeitsanweisungen genau zu verstehen ist. Unterstreiche in der Info wichtige Stellen.

3. a) Lies die Aufgabenstellungen oben noch einmal.
   b) Woran erkennst du an der Aufgabenstellung ❶ d), dass du dich auf den Text beziehen musst?
   _____
   _____
   c) Woran erkennst du, dass du in der Aufgabenstellung ❶ e) auch deuten musst?
   _____
   _____
   d) Woran erkennst du an der Aufgabenstellung ❷, dass du die Textstelle deuten und sie bewerten sollst?
   _____
   _____

INFO zu 2.

beschreiben: Textaussagen oder Sachverhalte in eigenen Worten strukturiert wiedergeben
darstellen: einen Zusammenhang, ein Ergebnis, eine Problemstellung sachlich, strukturiert formulieren
erläutern: Textaussagen auf der Basis von Kenntnissen und Einsichten darstellen und durch Informationen und Beispiele veranschaulichen
erklären: Textaussagen, Sachverhalte auf der Basis von Kenntnissen und Einsichten darstellen
Stellung nehmen: eine Problemstellung, einen Sachverhalt auf der Grundlage von Kenntnissen, Einsichten und Erfahrungen kritisch prüfen und die Einschätzung sorgfältig abwägend formulieren
benennen: Informationen zusammentragen
zusammenfassen: Inhalte in eigenen Worten wiedergeben

INFO zu 3.

Um einen erzählenden Text zu verstehen, musst du ihn *analysieren*:
– Wo und wann spielt die Handlung?
– Welche Personen sind wichtig?
– In welchem Verhältnis stehen sie zueinander?
– Wie ist die Handlung aufgebaut?
– Wie wird erzählt (Erzählperspektive)?
– Welche sprachlichen Besonderheiten fallen auf und welche Funktion haben sie?
– Um welche Textsorte handelt es sich?
Zur Analyse gehört auch die *Deutung*. Dazu beantwortest du folgende Fragen:
– Welche Wirkung hat der Text auf den Leser?
– Mit welcher Absicht wurde er geschrieben?
– Welches Problem macht der Text deutlich?

A 1.5 Was bedeutet die Aufgabenstellung „Untersuche und vergleiche ..."?

1. Die Aufgabenstellung unten könnte aus einer Prüfungsvorlage stammen, bei der du verschiedene Sachtexte (Materialien 1 und 2) untersuchen und miteinander vergleichen musst. Lies die Aufgabenstellungen (die zugehörigen Texte sind nicht abgedruckt).

> ❶ Untersuche und vergleiche die folgenden Materialien:
> a) <u>Fasse</u> den Inhalt von Material 1 und 2 mit eigenen Worten <u>zusammen</u>.
> b) Beschreibe, welche Freizeitbeschäftigungen von Jugendlichen im Text dargestellt sind und wie sich die Aktivitäten von Mädchen und Jungen unterscheiden.
> c) Erläutere das Sozialverhalten von „Technikfreaks".
> d) Stelle an zwei Beispielen aus Material 1 und 2 dar, welches Freizeitverhalten für Jugendliche aus den oberen und welches für Jugendliche aus den unteren Schichten typisch ist.
> ❷ Bewerte aus deiner Sicht, welche Aktivitäten für einen erfolgreichen Schulabschluss hilfreich sind, und begründe deine Meinung.
> Stelle deine Ergebnisse zu jeder Aufgabe zusammenhängend dar und belege sie am Text.

2. a) In der Aufgabenstellung oben ist in einer Unterstreichung hervorgehoben worden, was von dir erwartet wird. Unterstreiche auch in den weiteren Aufgaben, was du tun sollst. Die Verben geben dir Hinweise.
   b) Lies die Info rechts. Sie erklärt, was unter den Arbeitsanweisungen genau zu verstehen ist. Unterstreiche wichtige Stellen.

3. Die Aufgabenstellungen oben geben dir auch Hinweise, <u>was</u> du vergleichen sollst.
   Markiere oben, auf welche Stellen im Text du besonders achten musst. Gib diese hier stichwortartig wieder:

   ❶ b) <u>Freizeitbeschäftigungen von Jugendlichen</u>
   _____

   c) _____
   _____

   d) _____
   _____

> **INFO zu 2.**
>
> *zusammenfassen:* Inhalte, Aussagen, Zusammenhänge komprimiert und strukturiert wiedergeben
> *beschreiben:* Textaussagen in eigenen Worten strukturiert wiedergeben
> *erläutern:* Textaussagen, Sachverhalte auf der Basis von Kenntnissen und Einsichten darstellen und durch Informationen und Beispiele veranschaulichen
> *darstellen:* einen Zusammenhang, ein Analyseergebnis, eine Problemstellung sachlich, strukturiert formulieren
> *bewerten:* zu einer Textaussage, einem Sachverhalt ein selbstständiges Urteil abgeben und dabei die eigenen Wertmaßstäbe offenlegen
> *strukturiert:* in Absätze gegliedert, jeder Absatz behandelt einen Aspekt

> **INFO zu 3.**
>
> Um einen Sachtext zu verstehen, musst du ihn untersuchen:
> – Welche Informationen enthält er?
> – Welcher Aufbau ist erkennbar?
> – Um welche Textsorte handelt es sich?
> – Welche Wirkung hat der Text?
> – Welche Absicht liegt dem Text zugrunde?
> – Welche sprachlichen Besonderheiten gibt es, und welche Funktion haben sie?
>
> Vergleichen bedeutet, Texte nach bestimmten Gesichtspunkten in Beziehung setzen:
> – Was haben sie gemeinsam?
> – Welche Unterschiede sind erkennbar?
> – Inwieweit ergänzen sich die Texte?
> Diese Vergleiche können sich auf Inhalt, Form, Absicht, Wirkung und Sprache beziehen.
> In den Aufgabenstellungen findest du Hinweise, auf welche Aspekte du achten musst.

A 2 Die Prüfungsaufgaben

A 2.1 Die Überprüfung des Leseverstehens

Im Prüfungsteil I erwarten dich verschiedene Aufgabenarten. Mit ihnen wird überprüft, ob du den Text richtig gelesen und verstanden hast. Dazu musst du richtige Lösungen ankreuzen, Lückentexte ausfüllen, Aussagen aus dem Text erklären, eine Skizze deuten oder zu bestimmten Standpunkten Stellung nehmen.

Doch zunächst musst du dir den Text erschließen: Unterstreiche unbekannte Begriffe und kläre sie, markiere Schlüsselstellen, finde Überschriften zu Sinnabschnitten usw. Lies die Aufgabenstellungen genau und vergewissere dich mithilfe der passenden Textstellen, dass deine Antworten zutreffen.

1. Diese Prüfungsvorlage wurde bereits teilweise bearbeitet. Überprüfe und korrigiere die Antworten. An manchen Stellen war der Schüler unsicher. Du findest dort Fragezeichen **??**. Sie sind ein Hinweis für dich, diese Antworten genau zu überprüfen.

Mensch und Natur

Teil I

Lies zunächst den Text sorgfältig durch und bearbeite anschließend die Fragen ❶ – ⓮.

M 1 Schmelzende Pole, steigende Pegel

Situation: das Eis Schmilzt

Das Eis wird dünn – viel schneller als gedacht: Die Pole sind massiv vom Klimawandel betroffen. Das einst ewige Eis schmilzt, die Gletscher schrumpfen und Permafrostböden¹ tauen auf. Das bedroht nicht nur Eisbär & Co., sondern die ganze Welt: Das Wasser steigt und steht uns schon bis an den Hals.

treiben

Es muss nicht erst ein Eisberg am Nordseestrand vorbeidriften, bis wir merken, wie eng unser Verhältnis zu Arktis und Antarktis ist. Die Polarregion spürt sie längst, die Gegenwart

Klimawandel

des Menschen: Der Klimawandel lässt sie buchstäblich verschwinden.

Rekordwerte bei der Eisschmelze

Seit Jahren melden Forscher Rekordwerte bei der Eisschmelze am Nordpol. Und mit jeder neuen Studie werden die Zahlen schockierender: So hat der Rückgang des Eises in den Sommern 2007 und 2008 nie dagewesene Ausmaße angenommen. Die Gletscher in Grönland schmelzen ab, und der Lebensraum vieler Arten ist massiv bedroht.

Die Gletscher der Antarktis wandern immer schneller zum Meer und verlieren in jedem Jahr über 100 Milliarden Tonnen Eismasse – das entspricht 100 Billionen Liter Wasser. **??** Schon jetzt steigt der Meeresspiegel jährlich um drei Millimeter. Doch wenn die Eisschmelze im bisherigen Ausmaß fortschreitet, könnte sich der Meeresspiegel bis zum Jahr 2100 um bis zu achtzig Zentimeter heben.

Wenn diese zwei großen Süßwasserreservoirs² der Erde schmelzen, drohen weltweit Flutkatastrophen. **??** Tiefliegende Regionen wie Bangladesh könnten komplett überflutet werden. Aber auch die flachen Küstenregionen Polens sind gefährdet. Und die deutsche Insel Sylt muss schon jetzt jedes Jahr frischen Sand heranbaggern, weil die Fluten die Insel buchstäblich abtragen. Dazu wird das Ökosystem Ozean aus dem Gleichgewicht gebracht, weil etwa der Salzgehalt des Wassers abnimmt.

Klima-
flüchtlinge
weltweit

Dabei gibt es schon die ersten Klimaflüchtlinge: 2005 wurden 980 Menschen von den Carteret-Inseln (Papua Neuguinea) auf 100 Kilometer entfernte Inseln umgesiedelt; 11 000 Bewohnern der Inselkette Tuvalu (Pazifischer Ozean), die in Australien Klimaasyl[3] erbaten, wurde die Aufnahme verweigert; als eine Sturmflut Bangladesh und Südindien ereilt, fliehen 100 000 Reisbauern – mehr als 4 000 Menschen werden vermisst. 2007 überschwemmen arktische Stürme wiederholt die Siedlung Shismaref (Alaska); die Bevölkerung gibt auf und packt die Koffer. Seit 2008 spart der Präsident der Malediven, um im Ernstfall Land in Indien oder anderswo zu kaufen, denn den 385 000 Malediven steht das Wasser bis zum Hals. Indonesien will auf seinen unbewohnten Inseln Klimaflüchtlingen Zuflucht gewähren, obwohl rund 2 000 der insgesamt rund 17 000 indonesischen Inseln bis Mitte des Jahrhunderts ebenfalls verschwinden könnten.

[1] Permafrostböden: Dauerfrostboden, ab einer gewissen Tiefe das ganze Jahr hindurch gefroren
[2] Süßwasserreservoirs: großer Speicher für einen Vorrat an Süßwasser
[3] Klimaasyl: Menschen suchen aufgrund der klimatischen Veränderungen Zuflucht in anderen Ländern

aus: http://www.br-online.de/wissen/umwelt/klimawandel-DID1206608167923/arktis-klimawandel-pole-ID1242393083146.xml (Stand: 03.11.2009)

M 2 Sommereis-Decke der Arktis

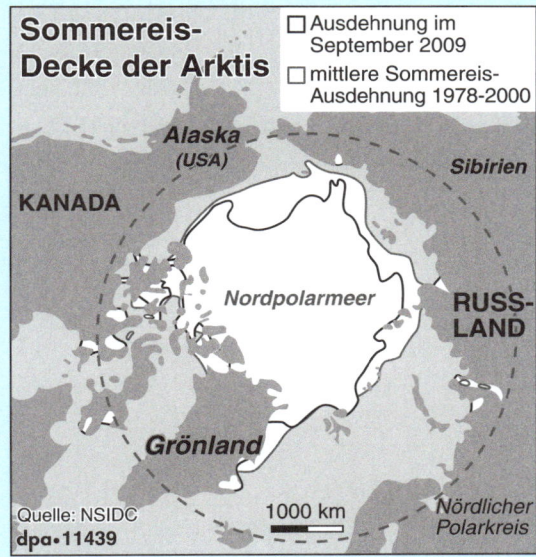

TIPP zu ① bis ⑤

1. Lies jede Aufgabe und überlege genau, wie sie gemeint ist.
2. Suche im Text die passenden Stellen und vergleiche beide Aussagen.
3. Hilfreich ist es, wenn du vor der Bearbeitung der Aufgaben den Text und das Schaubild sorgfältig erschlossen hast; d.h. unbekannte Begriffe sind geklärt, Schlüsselstellen markiert, Sinnabschnitte gebildet und Zwischenüberschriften formuliert.

12 A 2 Die Prüfungsaufgaben | Leseverstehen

Aufgaben ❶ – ⓴

❶ Kreuze die richtige Aussage an. Laut Text verursacht der Klimawandel …

a)	die Ausrottung der Eisbärbestände in der Antarktis.	
b)	das Schmelzen der Pole und damit das stetige Steigen des Wasserstandes der Meere.	X
c)	die Verdunstung von Meerwasser, was zur Folge hat, dass viele Menschen unter Trinkwassermangel leiden werden.	

❷ Im Text heißt es in Zeile 10 ff: „Es muss nicht erst ein Eisberg am Nordseestrand **vorbeidriften**, bis wir merken, wie eng unser Verhältnis zu Arktis und Antarktis ist." Erkläre die Aussage in eigenen Worten.

Damit will der Autor ausdrücken, dass nicht erst ein Eisberg am Strand vorbeitreiben

muss, damit die Menschen die Auswirkungen des Klimawandels wahrnehmen können.

❸ In Zeile 49 f. wird beschrieben: „… weil die Fluten die Insel buchstäblich **abtragen**." Erkläre, was damit gemeint ist.

Die Nordsee spült jedes Jahr Teile der Insel weg und verkleinert damit Sylt. ??

❹ Der Text lässt sich in sechs Sinnabschnitte einteilen.
Notiere zu jedem Abschnitt die Zeilenzahlen und ergänze jeweils eine Zwischenüberschrift.

Abschnitt	Zeilenangaben	Überschrift
1	Z. 1–9	Darstellung der Situation: Das Eis schmilzt, die Gletscher schrumpfen, Permafrostböden tauen auf. → Das Wasser steigt …
2	Z. 10–17	Klimawandel ist für das Schmelzen der Pole verantwortlich
3	Z. 18–27	Rekordwerte bei der Eisschmelze bedroht viele Arten
4	Z. 28–39	??
5	Z. 40–54	??
6	Z. 55–81	Klimaflüchtlinge in verschiedenen Regionen der Erde

❺ Im Text werden verschiedene Auswirkungen des Klimawandels genannt.
Schreibe sechs dieser Auswirkungen in die leeren Kreise des Clusters.

- schmelzende Pole
- steigende Wasserpegel
- Gletscher schrumpfen
- Auswirkungen des Klimawandels
- Lebensräume vieler Tiere bedroht
- Salzgehalt nimmt ab??

A 2 Die Prüfungsaufgaben | Leseverstehen

TIPP zu 6 bis 8

1. Suche im Text die passenden Stellen und lies sie noch einmal genau.
2. Wenn du eine eigene Entscheidung begründen sollst, denke daran, deine Meinung am Text zu belegen. Du musst also Zeilenangaben in Klammern ergänzen.

6 Welche der folgenden Aussagen beschreibt das Thema des Textes am besten? Kreuze an. Begründe deine Wahl, indem du einen Bezug zum Text herstellst.

a)	Der Text „Schmelzende Pole, steigende Pegel" gibt einen allgemeinen Überblick über die Auswirkungen des Klimawandels.	
b)	Der Text „Schmelzende Pole, steigende Pegel" informiert darüber, dass die Pole der Arktis und Antarktis schmelzen und welche Auswirkungen dies hat.	X
c)	Der Text „Schmelzende Pole, steigende Pegel" warnt davor, dass die Erde in einigen Jahren im Wasser versinken könnte, denn der Wasserstand steigt enorm.	

Begründung:

Meiner Ansicht nach beschreibt die Aussage b) das Thema des Textes am besten, denn der Text stellt lediglich einen Aspekt des Klimawandels und seine Auswirkungen dar: das Schmelzen der Pole und damit das Ansteigen des Wasserpegels der Ozeane. Daher passt die Aussage a) nicht zum Thema. Im Text wird darüber informiert, dass der Meeresspiegel bis zum Jahr 2100 um bis zu achtzig Zentimeter steigen könnte. Das würde bedeuten, dass viele flache Küstenregionen und Inseln auf der ganzen Welt überflutet würden. Dieses wird anhand anschaulicher Beispiele verdeutlicht. Allerdings ist zu keiner Zeit die Rede davon, dass die Erde komplett im Wasser versinken könnte. Daher finde ich Aussage c) unpassend.

7 Kreuze an, welche der folgenden Aussagen laut Text zutreffen und welche nicht.

		trifft zu	trifft nicht zu
a)	Für das Schmelzen der Pole ist der Mensch verantwortlich.	X	O
b)	Im Jahr 2006 war die Eisschmelze am stärksten.	O	X ??
c)	Die Gletscher der Antarktis verlieren im Jahr über 100 Milliarden Tonnen Eismasse. Dadurch steigt der Meeresspiegel um jährlich fünf Millimeter.	O	X
d)	Tiefliegende Regionen und flache Küstenregionen sind von Flutkatastrophen gefährdet.	X	O
e)	Das Ökosystem der Ozeane ist aber nicht betroffen, da es nach der Eisschmelze viel mehr Wasser gibt.	O	X
f)	In den letzten Jahren gab es bereits Tausende Klimaflüchtlinge, die ihre Heimat verlassen mussten.	X	O

14 A 2 Die Prüfungsaufgaben | Leseverstehen

8 Liste auf, in welchen Regionen, die im Text angegeben werden, bereits Menschen von den steigenden Meeresspiegeln betroffen sind, und gib die passenden Textbelege dazu an.

<u>Bangladesh: Überflutung der tiefliegenden Regionen (Z. 43–45, 64–67)</u> **??**

<u>Sylt: Teile der Insel werden durch die Nordsee abgetragen (Z. 47–50)</u>

<u>Carteret-Inseln (Papua-Neuguinea): Umsiedelung von 980 Menschen (Z. 56–59)</u>

<u>Tuvalu (Pazifischer Ozean): 11000 Klimaflüchtlinge werden in Australien nicht</u>

<u>aufgenommen (Z. 60–63)</u>

9 Im zweiten Sinnabschnitt wird die Verantwortung der Menschen für den Klimawandel durch ein Stilmittel veranschaulicht: „Die Polarregion spürt sie längst, die Gegenwart der Menschen …" (Z. 13–15). Kreuze an, um welches Stilmittel es sich hier handelt.

a) Personifikation ○
b) Neologismus ⊗ **??**
c) rhetorische Frage ○
d) Vergleich ○

> **TIPP zu 9 und 10**
>
> 1. In der Prüfung werden dir auch Aufgaben zur Sprache des Textes gestellt, z. B. zu Formen des Verbs, zu Satzgliedern, zu rhetorischen Figuren usw. Auch darauf solltest du dich zu Hause vorbereiten.
> 2. Wenn du unsicher bist, schlage im Glossar dieses Heftes nach (ab S. 140). Das Glossar kannst du ebenfalls zum Lernen nutzen.

10 In Z. 34–39 heißt es:
„<u>Doch wenn</u> die Eisschmelze im bisherigen Ausmaß fortschreitet, könnte sich der Meeresspiegel bis zum Jahr 2100 um bis zu achtzig Zentimeter heben."

In welchem Verhältnis steht der durch „Doch wenn…" eingeleitete Nebensatz (Gliedsatz) zur Hauptaussage? Kreuze die richtige Aussage an.

Der Nebensatz (Gliedsatz) …

a)	gibt eine Begründung für die nachgestellte Hauptaussage.	
b)	gibt die Bedingung für die nachgestellte Hauptaussage an.	X
c)	gibt die Folge der Hauptaussage an.	
d)	gibt die Wirkung der Hauptaussage an.	

> **TIPP zu 11 bis 13**
>
> 1. Als Ergänzung zu den Texten musst du zum Nachweis deines Leseverständnisses zum Teil auch Schaubilder, Grafiken oder Diagramme auswerten. Wie du sie erschließen kannst, übst du im Kapitel B 4 auf den Seiten 26/27.
> 2. Die Aufgaben verlangen von dir, dass du das Material im Vorfeld erschlossen hast.
> 3. Oftmals musst du die Aussagen aus Text und Schaubild, Grafik oder Diagramm miteinander vergleichen.

11 Beschreibe das Thema sowie die Darstellung des Schaubildes in eigenen Worten. Berücksichtige dabei auch, welche Entwicklung gezeigt wird.

<u>Das Schaubild stellt die Sommereis-Decke der Arktis im Nordpolarmeer dar. Es zeigt eine Karte, auf der die Staaten Alaska, Kanada, Grönland und Russland rund um die Arktis abgebildet sind. Der Nördliche Polarkreis ist durch eine gestrichelte Linie angedeutet. Durch zwei verschiedene Linien wird die Sommereis-Ausdehnung zwischen 1978 bis 2000 und im September 2009 angezeigt. Es wird deutlich, dass zwischen den Linien ein großer Unterschied besteht, denn an den Seiten zu Alaska und Russland ist die Sommereis-Decke 2009 um bis zu 1000 Kilometer zurückgegangen. Dies zeigt die Eisschmelze.</u>

12 Überlege, was mit diesem Schaubild veranschaulicht werden soll. Kreuze die zutreffende Aussage an. Die Grafik veranschaulicht …

a)	die Ausdehnung der Sommereis-Decke in Arktis und Antarktis in den Jahren 1978 bis 2009.	
b)	die Ausbreitung der mittleren Sommereis-Decke in der Arktis im Jahre 2009 bis nach Grönland, Kanada und Russland.	
c)	den Rückgang der mittleren Sommereis-Decke im Nordpolarmeer in den letzten 30 Jahren und damit das Schmelzen des ewigen Eises.	X

13 Begründe, ob Text und Schaubild zusammenpassen.

<u>Meiner Ansicht nach passen Text und Schaubild gut zusammen, denn die Grafik veranschaulicht die Aussagen des Textes. Gleichzeitig werden die Aussagen (Z. 18–27) durch die Abbildung belegt, denn sie zeigt die Eisschmelze am Nordpol, sodass das ganze Ausmaß des Klimawandels besser vorstellbar ist.</u>

14 Im Text heißt es (Z. 6–9): „Das bedroht nicht nur Eisbär & Co., sondern die ganze Welt: Das Wasser steigt und steht uns schon bis an den Hals."
Kreuze an, ob du diese Aussage nachvollziehbar findest, und begründe deine Entscheidung mit Bezug auf den Text „Schmelzende Pole, steigende Pegel" und die Grafik.
Ich finde die Aussage nachvollziehbar. ☒   Ich finde die Aussage nicht nachvollziehbar. ○

Begründung:

<u>Angesichts der im Text beschriebenen Auswirkungen (Z. 18–39) und der Darstellung in der Grafik finde ich diese Aussage nachvollziehbar, denn die Auswirkungen des Klimawandels sind bereits heute deutlich zu spüren. Das Schmelzen der Pole wird nicht nur Auswirkungen auf das Ökosystem haben und den Lebensraum vieler Tierarten verändern, sondern viele Menschen werden ihre Heimat verlieren und somit ihre Existenzgrundlage. Deshalb passt dieses Sprichwort fast wortwörtlich auf die derzeitige Klimasituation der Erde.</u>

A 2.2 Die Schreibaufgabe: ein Beispiel (Aufgabentyp 4a)

Im Teil II der Prüfung wird überprüft, ob du Sachtexte, literarische Texte, Gedichte und ggf. auch Schaubilder und Anzeigen analysieren und miteinander vergleichen bzw. aufeinander beziehen kannst (Aufgabentyp 4a oder 4b) oder ob du zu einem bestimmten Sachverhalt einen informativen Text schreiben kannst (Aufgabentyp 2).

Beim Aufgabentyp 4a musst du den vorgegebenen Text zunächst untersuchen und in einem zweiten Schritt deine Untersuchungsergebnisse schriftlich formulieren. In einer abschließenden Aufgabe wird meist eine Stellungnahme zum Text von dir erwartet.

1. Die unten stehende Prüfungsvorlage wurde bereits von einem Schüler bearbeitet. Lies dir zunächst die an ihn gestellten Aufgaben und dann den Text dazu durch.
2. Bereite den Text für eine Analyse vor.

Recht und Gerechtigkeit

Teil II

Lies bitte zuerst den Text, bevor du dich der Bearbeitung der Aufgaben zuwendest. Schreibe dann einen zusammenhängenden Text.

❶ **Analysiere** den Text. Gehe dabei so vor:
   a) Schreibe eine Einleitung, in der du Titel, Autor, Textsorte und Thema **benennst**.
   b) **Gib** den Inhalt des Textes **wieder**.
   c) **Beschreibe**, wie der Text aufgebaut ist und berücksichtige dabei die Textart.
   d) **Stelle dar**, welche Figuren sich gegenüberstehen und welche Absichten sie verfolgen.
   e) **Erläutere**, welche Antwort mit der „Ringparabel" auf die Ausgangsfrage (Z. 32–36) gegeben wird und was der Jude dadurch erreicht.
   f) Im Text heißt es in Z. 129/130: „… und verehrte ihm überdies noch ansehnliche Geschenke." Erkläre diese abschließende Wendung, **nimm Stellung** dazu und **begründe** deine Meinung.

 Die Ringparabel aus dem „Decameron" *von Giovanni Boccaccio*

Sultan

[…] Saladin hatte sich durch seine vorzügliche Tapferkeit von einem geringen Manne bis zum Sultan von Babylon emporgeschwungen und ⁵ manchen Sieg über sarazenische und christliche Könige erfochten. Aber seine vielen Kriege und große Pracht hatten auch seinen ganzen Schatz erschöpft; und als ein plötz- ¹⁰ licher Zufall eine ansehnliche Summe Geldes erforderte, wusste er nicht, wo er so geschwind es hernehmen sollte. Endlich besann er sich auf einen reichen Juden namens Melchisedech, ¹⁵ der in Alexandrien Geld auf Zinsen lieh. Dieser, glaubte er, könnte ihm aushelfen, wenn er nur wollte; aber Melchisedech war so geizig, dass er

Geldnot

es gutwillig nie würde getan haben, und Gewalt wollte der Sultan nicht ²⁰ brauchen. In der Not sann er auf ein Mittel, wie ihm der Jude dienen müsste, und entschloss sich, endlich zwar Gewalt anzuwenden, sie aber doch mit einigem Schein zu bemänteln. ²⁵ Er ließ ihn rufen, empfing ihn sehr freundschaftlich und befahl, sich neben ihm niederzulassen. „Braver Mann", sprach er, „ich habe dich von vielen Leuten für weise und ³⁰ erfahren in göttlichen Dingen rühmen hören. Ich wünschte von dir zu wissen, welche von drei Religionen du für die wahre hältst, die jüdische, die sarazenische oder die ³⁵ christliche."

List

Ausgangsfrage

Jude durchschaut die List

Der Jude, welcher wirklich ein gescheiter Mann war, merkte wohl, dass Saladin die Absicht hatte, seine Worte zu benutzen, um ihm einen verdrießlichen Handel auf den Hals zu ziehn. Er glaubte also, wenn er sein Spiel nicht gleich verloren geben wollte, keine von diesen drei Religionen mehr loben zu dürfen als die andere, und bekümmert um eine unverfängliche Antwort, besann er sich endlich auf folgende Ausflucht:

ab hier Parabel

„Mein Beherrscher", erwiderte er, „die Frage, die ihr mir vorlegt, ist schön. Um mein Urteil darüber zu fällen, muss ich folgende Geschichte erzählen. Ich besinne mich, sofern ich nicht irre, gehört zu haben, dass ehedem ein großer und reicher Mann unter andern raren Edelsteinen in seinem Schatz auch einen vorzüglich schönen und kostbaren Ring besessen hat. Er schätzte ihn seines Werts und seiner Schönheit wegen so sehr, dass er wünschte, er möge beständig in seiner Familie bleiben, und er befahl daher, dass dasjenige von seinen Kindern, bei dem sich dieser Ring fände und dem er ihn hinterließe, für seinen Erben angesehn und von den übrigen als der Vornehmste geachtet und geschätzt werden sollte. Sein Erbe beobachtete bei seinen Nachkommen ebendiese von seinem Vorfahren festgesetzte Ordnung, und so ging der Ring von einer Hand in die andere.

Endlich kam er an einen Vater von drei Söhnen, die gleich schön, tugendhaft und ihrem Vater äußerst gehorsam waren. Er liebte sie folglich alle drei gleich stark. Die Söhne kannten die Bedeutung des Ringes, und jeder war begierig, der Erbe zu sein. Jeder bat also den alten Vater, ihm beim Sterben den Ring zu hinterlassen. Der ehrliche Mann, der gleiche Liebe für sie hatte, war wirklich im Zweifel, welchen er zum Besitzer des Ringes machen sollte. Er hatte ihn allen versprochen und war also darauf bedacht, wie er allen dreien sein Versprechen halten wollte. Er ließ daher bei einem guten Künstler insgeheim noch zwei andere Ringe fertigen. Diese waren dem ersten so ähnlich, dass er selbst kaum den rechten unterscheiden konnte, und als er zum Sterben kam, gab er jedem seiner Söhne heimlich einen davon.

Nach dem Tode des Vaters verlangte jeder die Erbschaft nebst der Ehre. Da einer dem anderen dieselbe verweigerte, brachte jeder seinen Ring hervor zum Beweise, dass er ein Recht darauf habe. Man fand die Ringe einander so ähnlich, dass der rechte nicht zu unterscheiden war. Die Frage, welcher von ihnen der rechtmäßige Erbe des Vaters sei, blieb daher unentschieden und soll auch heute noch unausgemacht sein.

Ende Parabel

Sachteil

Dies ist, mein Beherrscher, meine Meinung von den drei Religionen, welche Gott der Vater den drei Nationen gegeben hat und worüber ihr die Frage aufwarft. Jede hält ihre Gesetze für wahr und glaubt ihre Gebote unmittelbar von ihm zu haben. Die Frage, wer recht hat, ist ebenso unentschieden wie die von den drei Ringen."

Reaktion des Sultans

Als Saladin sah, dass der Jude sich sehr gut aus der ihm gelegten Schlinge zu ziehen wusste, entschloss er sich, ihm sein Anliegen vorzutragen, ob er ihm helfen wolle. Er verhehlte ihm auch die Absicht nicht, die er gehabt, wenn er nicht so bescheiden geantwortet hätte. Der Jude ließ sich willig finden, die verlangte Summe vorzustrecken. Saladin zahlte sie ihm nachher völlig zurück und verehrte ihm überdies noch ansehnliche Geschenke.

aus: Boccaccio, Giovanni: Das Decameron. Erster Tag, III (2.4). Nach der Übertragung von A.G. Meißner bearb. von J.v. Guenther. Goldmann Verlag, München 1964, S. 26f, leicht verändert und gekürzt

3. Untersuche den folgenden Schülertext:
   a) Finde heraus, wie der Schüler seinen Text strukturiert hat.
      Wo beginnen jeweils Einleitung, Hauptteil und Schluss?
   b) Halte am Rand stichwortartig die Inhalte des Hauptteils fest.
   c) Bearbeite die folgenden Aufgaben und schreibe dein Ergebnis an den Rand:
      • Kennzeichne, wo die Aspekte der Aufgabenstellung berücksichtigt werden, z. B.
        Aufgabe 1b): Z. 5 – …
      • Prüfe, ob die Absätze sinnvoll gesetzt sind.
      • Überprüfe, ob die genannte Textart vorliegt und durch welche Merkmale sie belegt wurde.
      • Wo hat der Schüler Aussagen mit Textbelegen gestützt? Unterstreiche die Stellen.
      • An welchen Stellen würdest du etwas ergänzen, wo etwas streichen?
      • Schreibe dir die Ausdrücke und Wendungen, die du dir merken willst, heraus.

Der Text „Die Ringparabel" wurde von Giovanni Boccaccio verfasst und stammt aus dem Buch „Das Decameron. Erster Tag. III (2.4)". Es handelt sich um einen epischen Text, in dem der Autor zeigt, dass man durch überlegtes Handeln Gefahren vermeiden und Sicherheit erlangen kann.

Der Sultan Saladin benötigt Geld, da sein Reichtum durch Kriegsführung und Prunksucht aufgebraucht ist. Das Geld will er sich von dem reichen Juden Melchisedech leihen, weiß jedoch, dass dieser sehr geizig ist. Gewalt will der Sultan aber nicht ohne Grund einsetzen. Er versucht es also mit einer List. Er lässt den Mann zu sich rufen und verlangt eine Antwort auf die Frage, welche der drei Religionen, die jüdische, die sarazenische oder die christliche, die wahre sei. Da er davon ausgeht, dass der Jude eine falsche Antwort gibt, will er ihn bestrafen, um an sein Geld zu kommen. Aber der Jude durchschaut die List und erzählt die Parabel von den drei Ringen: Ein reicher Mann hat einen kostbaren Ring, der in seiner Familie immer an den Erben weitergegeben wird. Da er aber Vater von drei Söhnen ist, die er alle gleich liebt, lässt er zwei weitere Ringe anfertigen, die man nicht von dem Original unterscheiden kann. Er gibt jedem Sohn einen. Nachdem der Mann gestorben ist, will jeder der Söhne das Erbe antreten, doch der rechtmäßige Erbe kann nicht ermittelt werden, weil alle Söhne einen Ring erhalten haben. So bleibt die Frage nach der Rechtmäßigkeit unentschieden. Die Aussage der Parabel überträgt der Jude auf die Frage des Sultans und erklärt, dass die ebenfalls unentschieden sei, da die Gesetze und Gebote der drei Religionen gleichermaßen von Gott ausgingen. Als Saladin erkennt, wie weise und gerecht Melchisedech urteilt, entschließt er sich, sein Anliegen direkt vorzutragen und erzählt ihm von seiner List. Der Jude leiht ihm daraufhin das Geld, und Saladin zahlt es ihm später voller Dankbarkeit zurück.

Der Text von Boccaccio besteht aus einer Rahmenhandlung (Z. 1–48, Z. 109–130) und der Parabel (Z. 49 – 108). Somit stellt der Rahmen den Sachteil dar, auf den der Bildteil (Parabel) übertragen werden kann. Die Parabel ist eine gleichnishafte Erzählung, die inhaltliche Parallelen zur Erzählung im Sachteil aufweist, z. B. entsprechen die drei Religionen den drei Ringen. Der Jude überträgt die Aussage selbst auf die Erzählung (Z. 109 – 118), um zu verdeutlichen, dass er durch das Gleichnis seine Meinung zu der Frage des Sultans dargestellt hat. Im Text werden Saladin, der mächtige Sultan von Babylon, und Melchisedech, ein reicher Jude, gegenübergestellt. Saladin hat durch seinen Lebensstil seinen Reichtum verbraucht und muss sich Geld leihen. Er wendet eine List an. Er glaubt, der Jude würde die Frage nach der wahren Religion nicht richtig beantworten, deshalb könnte er ihn bestrafen (Z. 123 – 126). Doch der Jude Melchisedech ist gescheit und gibt ihm eine bildhafte Antwort (Z. 49 – 108), aus der hervorgeht, dass er alle drei Religionen als rechtmäßig ansieht. Somit ist die List nicht gelungen. Durch seine kluge Antwort bringt Melchisedech den Sultan dazu, von seinem Plan Abstand zu nehmen, und entzieht sich selbst der Gefahr. Durch den Gebrauch seines Verstandes gewinnt der Jude die eigene Sicherheit und sogar einen dankbaren Freund (Z. 128 – 130).

Die Ausgangsfrage des Sultans, die Bestandteil seiner List ist, ist im Grunde eine sehr alte Frage, die schon viele Glaubenskriege unter Völkern und Religionsgruppen verursacht hat: Welche von den drei Weltreligionen ist die wahre? In der Ringparabel wird eine verschlüsselte Antwort darauf gegeben, denn der Vater liebt seine drei Söhne alle gleich, sodass er ihnen allen einen Ring vermacht, damit er Gerechtigkeit erzielen kann. Dies ist ebenfalls auf den Konflikt bei der Frage nach der wahren Religion übertragbar: Keine der drei Religionen ist die wahre; Gesetze und Gebote kommen von Gott und sollten gleichberechtigt nebeneinander bestehen. Saladin ist so überwältigt von der Klugheit und Bescheidenheit des Juden, dass er ihm das Geld vollständig zurückzahlt und ihm zusätzlich noch Geschenke macht (Z. 128 – 130). Ich denke, dass Saladin selbst erleichtert darüber war, dass der Jude ihm die Gelegenheit gegeben hat, nicht hinterhältig, sondern offen und ehrlich sein Ziel zu erreichen. Deshalb wollte er ihm seine Dankbarkeit beweisen, sodass der Jude durch seine Klugheit sich nicht nur gerettet, sondern auch einen Freund gefunden hat.

Wonach richtet sich die Note der Schreibaufgabe?

1. Beurteile den Schüleraufsatz anhand des Bewertungsbogens.

Auf-gabe	Anforderung	erfüllt	nicht erfüllt
1a)	Die Schülerin / Der Schüler nennt Autor, Titel, Textart sowie Quelle und stellt das Thema vor: • kluges und überlegtes Handeln führt zum Ziel.		
1b)	Die Schülerin / Der Schüler gibt mit eigenen Worten in knapper Form den Inhalt des Textes wieder: • Sultan Saladin leidet aufgrund seines Lebensstils unter Geldnot, will sich Geld vom Juden leihen. • Der Sultan wendet List an, um an das Geld zu kommen; fragt, welche der drei Religionen die wahre sei. • Melchisedech erkennt die Absicht des Sultans und erzählt die Parabel von den drei Ringen. • Er überträgt die Fabel auf die Frage des Sultans: Alle drei Religionen sind gleichberechtigt. • Der Sultan ist angetan von der Weisheit des Juden und offenbart ihm ehrlich sein Anliegen. • Der Jude leiht ihm das Geld; Saladin zahlt es zurück.		
1c)	Die Schülerin / der Schüler beschreibt den Aufbau: • Sachteil / Rahmenhandlung (Z. 1–48; Z. 109–130) • Bildteil / Parabel / gleichnishafte Erzählung (Z. 49–108) • Übertrag des Bildteils auf den Sachteil (Z. 109–118)		
1d)	Die Schülerin / Der Schüler stellt dar, welche Figuren sich mit welcher Absicht gegenüberstehen: • Saladin will durch eine List den Juden hintergehen. • Der Jude nutzt seinen Verstand, um die List zu umgehen. • Saladin schätzt die Weisheit und reagiert offen und ehrlich.		
1e)	Die Schülerin / Der Schüler erläutert, welche Antwort mit der Ringparabel auf die Ausgangsfrage gegeben wird und welche Absicht der Jude damit verfolgt: • Kernfrage nach der wahren Religion wird so beantwortet, dass alle drei gleichberechtigt nebeneinander existieren, weil Gesetze und Gebote von Gott gegeben wurden. • Melchisedech verdeutlicht dies; entgeht damit der Strafe.		
1f)	Die Schülerin / Der Schüler nimmt Stellung zum Zitat: • Sie / Er erklärt es. • Sie / Er nennt seine Auffassung und begründet sie. • Sie / Er bezieht eigene Erfahrungen / Kenntnisse mit ein.		

Formulierung der Schreibaufgabe	Die Schülerin / Der Schüler (Darstellungsleistung)	erfüllt	nicht erfüllt
1	• strukturiert ihren / seinen Text schlüssig und gedanklich klar.		
2	• ist sicher im Satzbau und formuliert abwechslungsreich.		
3	• drückt sich präzise und differenziert aus.		
4	• schreibt sprachlich richtig.		

B Arbeitstechniken und Strategien zur Bearbeitung von Schreibaufgaben
B 1 Arbeitstechnik: Im Wörterbuch nachschlagen

Das Wörterbuch ist für die Abschlussprüfung ein wichtiges Hilfsmittel:
- Du benötigst es zum Klären von unbekannten Wörtern.
- Du kannst nachschlagen, um die Rechtschreibung von Wörtern zu überprüfen.
  Das ist vor allem für die Überarbeitung eigener Texte wichtig.

1. Erkläre, welche Bedeutung die unterstrichenen Wörter im Textzusammenhang haben. Benutze dein Wörterbuch.

Will man <u>effektiv</u> handeln, um mögliche Folgen der <u>globalen</u> Erderwärmung entgegenzuwirken, so ist es unerlässlich, zu erforschen, was uns in der Zukunft erwarten könnte. Nur dann sind zielgerichtete <u>Strategien</u> möglich. In der Vergangenheit wurden dazu Hunderte von Studien mit unterschiedlichen Ergebnissen <u>publiziert</u>. Aber durch die <u>Komplexität</u> der Vorgänge ist auch jetzt noch vieles unklar.

TIPP

1. Bei Fremdwörtern gibt es oft mehrere Bedeutungen. Um die richtige Bedeutung herauszufinden, mache die Einsetzprobe: Setze jede angegebene Bedeutung im Text an die Stelle des Fremdwortes. Welche Bedeutung ist im Textzusammenhang sinnvoll? Prüfe und wähle aus.
2. Manche Wörter findet man nicht auf Anhieb im Wörterbuch, weil sie im Text in veränderter Form vorkommen. Gehe daher vor dem Nachschlagen so vor:
   - Bilde von gebeugten Verben die Grundform (den Infinitiv): *aß → essen*.
   - Bilde bei Nomen die Einzahlform (Singular): *Kakteen → Kaktus*.
   - Schlage bei zusammengesetzten Wörtern erst unter dem ersten Wortteil nach. Wenn dort die Wortzusammensetzung nicht zu finden ist, musst du auch den zweiten Wortteil nachschlagen:
   - Reflexionsprozess:
     → Reflexion → Prozess.

effektiv handeln: _____

globale Erderwärmung: _____

zielgerichtete **Strategien**: _____

wurde **publiziert**: _____

Komplexität der Vorgänge: _____

2. In dem folgenden Text befinden sich sechs Rechtschreibfehler. Streiche falsch geschriebene Wörter durch und schreibe sie unten richtig auf.

<u>Durch gewachsenes Umweltbewustsein sind viele Landflechen als Schutzgebiete ausgewiesen worden. Besonders am Meer ist der zugang zu sehr gefärdeten Gebieten für Menschen beschränkt. Dadurch soll verhindert werden, dass die Schäden, die bereits durch extreme Stürme endstanden sind, durch die Menschen verstärkt werden.</u>

_____

_____

B 2 Arbeitstechnik: Texte erschließen und Inhalte zusammenfassen – literarische Texte

Um einen literarischen Text zu erschließen, gehst du am besten schrittweise vor.

1. Bearbeite den Text auf Seite 23 mithilfe des Tipps.

TIPP

VOR DEM LESEN
1. **Vermutungen äußern**
   Stelle Vermutungen zum Inhalt an:
   – Lies die Überschrift des Textes. Worum geht es wohl in der Erzählung?
   – Gibt es zu dem Text eine Abbildung? Was ist darauf zu sehen?

WÄHREND DES LESENS
Lies den Text und überprüfe, ob deine Vermutungen stimmen.
2. **Unbekannte Begriffe klären**
   – Markiere Begriffe und Textstellen, die du nicht verstehst.
   – Versuche, die Bedeutung selbst herauszufinden, indem du den Satzzusammenhang betrachtest. Oft wird in den folgenden Sätzen die Bedeutung erklärt. Schlage ansonsten im Wörterbuch nach (siehe B 1, S. 21) und notiere die Bedeutung am Rand.
3. **Schlüsselstellen unterstreichen**
   – Unterstreiche Schlüsselstellen. Das sind die Textstellen, die Antwort auf folgende Fragen geben:
     • Wo und wann spielt die Erzählung?
     • Welche Personen handeln dort?
     • Worum geht es?
   – Halte am Rand weitere Beobachtungen fest:
     • Wie wirkt der Text auf dich (lustig, ernst, spannend, …)?
     • Wer erzählt die Geschichte (siehe Glossar: „Merkmale erzählender Texte", S. 142)?
     • Welche sprachlichen Mittel werden verwendet (siehe S. 144)?
     • …

NACH DEM LESEN
4. **Informationen entnehmen**
   – Bilde Sinnabschnitte. Das sind Absätze, die inhaltlich eng zusammengehören. Ein neuer Sinnabschnitt beginnt, wenn z. B. eine neue Person auftritt oder ein wichtiges Ereignis geschieht. Du kannst dich auch an den vorhandenen Absätzen orientieren.
   – Formuliere zu jedem Sinnabschnitt eine Überschrift (ein Stichwort oder einen kurzen Satz).
5. **Inhalte zusammenfassen**
   – Notiere zu jeder Überschrift stichwortartig den Inhalt des Sinnabschnittes. Nimm dazu die unterstrichenen Schlüsselstellen zu Hilfe.
   – Bilde aus den Stichpunkten zum Inhalt vollständige Sätze und verknüpfe sie miteinander. So erhältst du eine kurze Inhaltszusammenfassung des Textes.
   – Bestimme die Textsorte (Erzählung, Kurzgeschichte, Roman, Jugendbuchauszug, Gedicht).

Survival-Trip *Wolfram und Philipp Eicke (Textauszug)*

Alexander/ Christoph: suchen Lagerplatz in Wildnis (Schweden)

Der 16-jährige Christoph verbringt seine Sommerferien in einem Feriencamp in Schweden. Gemeinsam mit dem Betreuer Alexander bricht er auf, um in der Wildnis in einen neuen Lagerplatz suchen.

Es ist der dritte Abend. Noch immer haben wir nicht den neuen Lagerplatz gefunden, den Alexander für das Camp suchen will. Keiner ist ihm gut genug. Immer hat er was zu mäkeln. Schließlich sagt er: „Wenn wir bis morgen Vormittag nicht fündig geworden sind, geht's zurück ins Camp." Das ist doch mal 'ne Aussicht!

etwas auszusetzen

kein Lagerplatz in Sicht

Für die Nacht bleiben wir an einem schönen kleinen See. Das Ufer ist voller Steine. Alexander nimmt seinen Rucksack mit ans Wasser und baut sich die Angel zurecht. Ich gehe Feuerholz sammeln. Aus einem Augenwinkel sehe ich von Weitem, wie Alexanders Angelstock mit einer Schleuderbewegung durch die Luft saust, als er die Schnur auswirft. Dann ein Poltern und ein Schrei. Alexanders Schrei!

Ich-Erzähler

Alexander geht angeln

Ich lasse das Holz fallen und renne los. Alexander wird angegriffen! Von einem riesigen Tier! Es hat ihn mit dem Kopf vor die Brust gestoßen. Mit voller Wucht. Alexander taumelt. Er greift nach seinem Rucksack, will ihn wie einen Schutz vor den Körper halten. Ist das ein Elch? Ohne dieses Schaufelgeweih. Eine Elchkuh. So groß wie ein Pferd. Wütend stößt sie den Rucksack beiseite, Alexander kann ihn nicht festhalten, der Rucksack platscht in den See. Das alles geht so rasend schnell, so überraschend, dass ich erst mal schnallen muss, was da los ist. Alexander ist in Gefahr! Wieder senkt das gewaltige Tier den Kopf zum Angriff. Die Steine am Ufer! Dicht vor meiner Nase. Ich bücke mich, wie im Traum. Hebe einen Stein auf. Und werfe. Der war zu klein. Und schlecht gezielt. Noch einen! Alexander hält sich stöhnend die Brust. Das Tier will wieder angreifen. Da! Der ist für dich! Endlich hat ein Stein getroffen. Die Elchkuh hält inne, schaut in meine Richtung. Wieder packe ich einen Stein und schleudere ihn wütend gegen das Fell. Alexander zieht sich vorsichtig hinter einen Felsen am Ufer zurück. Ich werfe wieder. Noch mal getroffen! Die Elchkuh schüttelt sich. Schnüffelt, schnaubt – und setzt sich in Bewegung. In meine Richtung! Gelähmt vor Schreck sehe ich sie auf mich zukommen. Immer schneller. Himmel, was soll ich tun? Da schreit jemand. Bin ich das? Ja, der Schrei kommt aus mir selbst! Ich renne. So schnell wie noch nie in meinem Leben. Quer durchs Unterholz. Mein Atem – nur noch Keuchen. Ich renne. Die Welt – ein einziges Krachen und Knacken. Zweige peitschen mir ins Gesicht, da sind auch Dornen. Ich wehre sie mit den Armen ab. Ich renne. Hinter mir ist das Schnauben der Elchkuh. Kratzer, Schrammen, Ratscher – völlig egal. Es gibt keinen Schmerz mehr, keine Empfindungen am Körper. Nur noch die Angst. Und den Baum da vorne! Er gabelt sich. Ein dicker Ast in meiner Reichweite! Schon hab ich ihn gepackt, ziehe mich hoch – wieso bin ich plötzlich so stark? Schon bin ich oben. Keinen Augenblick zu früh. Die Elchkuh stößt mit wütender Kraft gegen den Stamm. Der Baum zittert. Mühsam halte ich mich fest. Klettere ein Stück höher. […]

Eine Elchkuh greift Alexander an

Aus: Survival-Trip. Texte. Medien. Schroedel Verlag 2009, S. 71–76

B 3 Arbeitstechnik: Texte erschließen und Inhalte zusammenfassen – Sachtexte

Um einen Sachtext zu erschließen, gehst du am besten schrittweise vor.

1. Bearbeite den Text auf Seite 25 mithilfe des Tipps.

TIPP

VOR DEM LESEN

1. Vermutungen äußern
- „Überfliege" den Text: Wovon könnte der Text handeln?
- Lies die Überschrift, die Zwischenüberschriften und betrachte die Abbildungen.
    - Notiere am Rand, was du bereits über das Thema weißt.
    - Stelle W-Fragen an den Text: (Was …? Wer …? Warum …? Wo …? Wann …?)

WÄHREND DES LESENS

Lies den Text und überprüfe, ob deine Vermutungen stimmen.

2. Unbekannte Begriffe klären
- Markiere Begriffe und Textstellen, die du nicht verstehst.
- Versuche, die Bedeutung selbst herauszufinden, indem du den Satzzusammenhang betrachtest. Oft wird in den folgenden Sätzen die Bedeutung erklärt. Schlage ansonsten im Wörterbuch nach (siehe B 1, S. 21) und notiere die Bedeutung am Rand.

3. Schlüsselstellen unterstreichen
- Unterstreiche Schlüsselstellen:
    - Textstellen, die Antwort auf deine W-Fragen geben.
    - Informationen, die du interessant findest.

NACH DEM LESEN

4. Informationen entnehmen
- Bilde Sinnabschnitte. Das sind Absätze, die inhaltlich eng zusammengehören. Du kannst dich auch an den vorhandenen Absätzen orientieren.
- Formuliere zu jedem Sinnabschnitt eine Überschrift (ein Stichwort oder einen kurzen Satz).
- Notiere zu jeder Überschrift stichwortartig den Inhalt des Sinnabschnittes. Nimm dazu die unterstrichenen Schlüsselstellen zu Hilfe.

5. Inhalte zusammenfassen
- Bilde aus den Stichpunkten zum Inhalt vollständige Sätze und verknüpfe sie miteinander. So erhältst du eine kurze Inhaltszusammenfassung des Textes.
- Bestimme die Textsorte (Reportage, Zeitungsbericht, Interview).

Livestream & Downloads: Was ist erlaubt, was ist verboten? (...)

Wo? Im Internet
Was? Musik wird heruntergeladen
Problem: Musik ist nicht urheberrechtsfrei

Was? Filme im Internet: kostenloses Bereitstellen ist rechtlich verboten

Im Internet gibt es Unmengen von Musik, die frei verwendet werden kann. Diese Musik ist allerdings nicht urheberrechtsfrei[1], sondern liegt unter einer Lizenz, die dem Verwender gestattet, die Musik herunterzuladen und Dritten anzubieten. Die berühmteste freie Lizenz[2] ist die Creative Commons Lizenz. Aktuelle Musik aus den Charts wird allerdings praktisch nie unter dieser Lizenz angeboten. Generell sind alle Downloads erlaubt, solange das Material nicht offensichtlich rechtswidrig im Internet verbreitet wird. Erlaubt ist etwa das Betrachten von Youtube-Videos und Herunterladen von Musikstücken, die von Bands kostenlos ins Internet gestellt werden. Auch das kostenlose Mitschneiden von Online-Radios mit der Software Radio.fx ist legal. Ebenso erlaubt ist der Austausch von MP3-Files im Freundeskreis. Generell kann als Faustregel gelten, solange man keine Musik zum Upload[3] anderen zur Verfügung stellt, sondern sich nur Musik herunterlädt, ist dies erlaubt. Doch Achtung: Wenn offensichtlich ist, dass Musikstücke illegal angeboten werden, dann dürft ihr euch diese Musik nicht mehr herunterladen. Unter Juristen ist derzeit aber umstritten, wann für den Laien ein Angebot offensichtlich illegal ist. Verboten ist das Verteilen von MP3-Files an viele Personen gleichzeitig, etwa durch Hochladen auf eine Website oder im sozialen Netzwerk Facebook. Auch massenhafte E-Mails mit Musikdateien an andere zu verschicken wäre demnach illegal. Streng verboten ist das Runter- und Hochladen von Musik bei Tauschbörsen oder Plattformen wie Rapidshare.

Auch bei Filmen im Internet ist Vorsicht geboten. Angebote wie www.kino.to, wo fast jeder Film kostenlos bereitgestellt wird, sind aus Sicht von Juristen auf jeden Fall rechtswidrig. Doch weil die Betreiber im Ausland registriert sind, sind die Verantwortlichen nur schwer zu belangen. Damit ist aber noch nicht geklärt, ob sich auch die Konsumenten strafbar machen. Solange Internetnutzer die Filme nur anschauen, ohne eine Kopie auf ihrer Festplatte zu speichern, sind sie eventuell noch im legalen Bereich. Aber sobald gespeichert wird, sieht es anders aus. Es gibt auch Juristen, die bereits die temporäre[4] Speicherung zur Wiedergabe des Films im RAM-Speicher des Benutzers als illegale Kopie werten. Abgemahnt und angeklagt werden könnten Nutzer in jedem Fall, sobald ein Filmproduzent seine Rechte durchsetzen will. Noch heikler wird es bei den Livestreams[5] im Internet, etwa von Bundesligaspielen. Diese Angebote funktionieren wie Tauschbörsen. Sie werden fast immer peer-to-peer[6] übertragen und sind damit in höchstem Maße illegal. Zum Glück der Nutzer verfolgt bislang noch kein Rechte-Inhaber der Bundesliga seine Interessen mit Abmahnungen. Doch es ist nicht ausgeschlossen, dass bald auch damit begonnen wird.

In: fluter. Nr. 38, 2011. Thema Recht, S. 15

1 urheberrechtsfrei: das Urheberrecht: Recht auf Schutz geistigen Eigentums
2 die Lizenz: eine Berechtigung
3 Upload: der Vorgang des Hochladens
4 temporär: zeitweilig, vorübergehend
5 Livestream: Wiedergabe von TV-Sendungen im Internet
6 peer-to-peer: Verbindung zweier Computer, von Rechner zu Rechner

B 4 Arbeitstechnik: Schaubilder auswerten

Häufig findest du in Prüfungsaufgaben auch Schaubilder wie Diagramme und Tabellen. Diese enthalten Zusammenfassungen von Daten, die nach bestimmten Gesichtspunkten geordnet sind.
Folgende Aufgabenstellungen sind bei Schaubildern möglich:

- Du musst überprüfen, ob die vorgegebenen Aussagen zu einem Schaubild richtig sind oder nicht.
- Du musst feststellen, ob die Informationen eines Schaubildes die Aussagen eines Textes bestätigen, ergänzen oder widerlegen. Dazu musst du ein Schaubild richtig lesen und verstehen.

1. Werte Schaubild A (Seite 27) nach folgenden Schritten aus:

Erster Schritt: Sich orientieren

a) Worum geht es in dem Schaubild A? Notiere stichpunktartig.

Thema: _____

Zahlenangaben: _____

graue Balken: _____

blaue Balken: _____

Vergleiche zwischen: _____

_____

TIPP zum ersten Schritt

1. Lies die Überschriften und Erläuterungen. Um welches Thema geht es?
2. Welche Zahlenangaben werden gemacht? Werden sie in Prozent, Promille oder in absoluten Zahlen (z. B. in Tausend) angegeben?
3. Worauf beziehen sich diese Angaben?
4. Was wird miteinander verglichen?

Zweiter Schritt: Den Inhalt des Schaubildes erfassen und stichpunktartig aufschreiben

b) Schreibe die Informationen auf, die du dem Schaubild entnehmen kannst.

_____

_____

_____

_____

TIPP zum zweiten Schritt

1. Sieh dir das Schaubild genauer an. Worauf bezieht sich der größte Wert?
2. Worauf bezieht sich der niedrigste Wert?
3. Gibt es weitere Auffälligkeiten?

Dritter Schritt: Aufgabenstellung beantworten und Ergebnisse aufschreiben

c) Beantworte die Aufgaben zu Schaubild A. Achte genau auf die Aufgabenstellung.

_____

_____

_____

_____

TIPP zum zweiten Schritt

1. Formuliere in ganzen Sätzen.
2. Verwende folgende Formulierungen:
   es gibt weniger als …
   mehr als bei …
   genauso oft …
   seltener …
   auffällig ist, dass …

2. Bearbeite in gleicher Weise die Schaubilder B und C.

Schaubild A: Säulendiagramm
Erneuerbare Energien in Deutschland

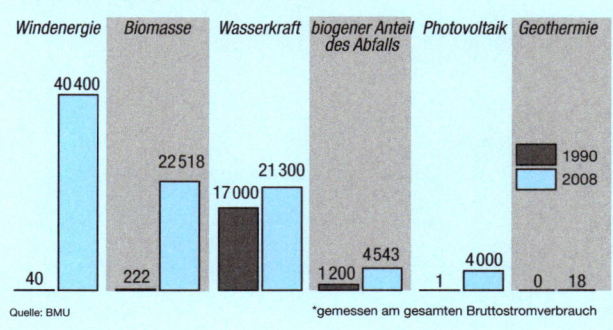

INFO
Säulendiagramme zeigen oft absolute Zahlen an. Die Länge der Säule gibt einen Zahlenwert an, den man meist auf der y-Achse ablesen kann. Neben der x-Achse wird angegeben, worauf sich die Säulen beziehen.

Aufgaben:
1. Welche Art der Energieerzeugung hat von 1990 bis 2008 den größten Zuwachs erzielt?
2. Vergleiche den Anteil von Windenergie und Wasserkraft 1990 und 2008.

Schaubild B: Kreisdiagramm
Stromverbrauch in Deutschland
Was private Haushalte verbrauchen

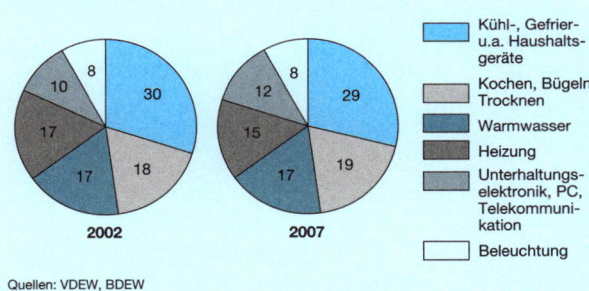

INFO
Kreisdiagramme zeigen die prozentuale Zusammensetzung einer Gesamtmenge. Dabei ist der Kreis in mehrere Teile unterteilt, die jeweils den Anteil an der Gesamtmenge wiedergeben.

Aufgaben:
1. Wie hoch war der Stromverbrauch für Unterhaltungselektronik in den Jahren 2002 und 2007?
2. In welchen Bereichen wurde 2007 im Vergleich zu 2002 weniger, wo mehr verbraucht?

Schaubild C: Verlaufsdiagramm
Die Entwicklung der Straftaten und der Aufklärungsrate

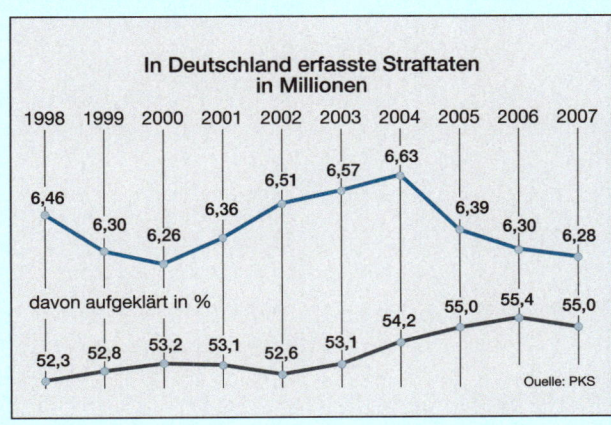

INFO
Kurven- oder Liniendiagramme eignen sich dazu, Daten von verschiedenen Zeitpunkten grafisch zu vergleichen.

Aufgaben:
1. In welchen Jahren nahm die Zahl der aufgeklärten Straftaten im Vergleich zum Vorjahr ab?
2. In welchem Zeitraum ist ein Anstieg der erfassten Straftaten zu verzeichnen?

B 5 Schreibaufgabe zu einem informativen Text in sechs Schritten bearbeiten

Auf den folgenden Seiten lernst du die wichtigsten Arbeitsschritte zur Erarbeitung eines informativen Textes kennen. Auf den Seiten 29–31 findest du eine Prüfungsvorlage, mit deren Hilfe du diese Schritte üben kannst. Auch in den Prüfungsaufgaben zum angeleiteten Üben in den folgenden Kapiteln wird auf diese grundlegenden Seiten verwiesen.

Erster Schritt: Sich orientieren

1. Lies die Aufgabenstellung in der Prüfungsvorlage auf Seite 28 „mit dem Stift".

2. Mache dir klar, in welcher Situation und an wen du schreibst:

   Adressat: _____

   Situation/Thema: _____

> **TIPP** zum ersten Schritt
>
> Lies die Aufgabenstellung. Unterstreiche alle wichtigen Hinweise (Verben, Schlüsselwörter). So erhältst du Anhaltspunkte, worauf du beim Lesen der Materialien achten musst.

3. Gib mit eigenen Worten wieder, was du tun sollst. Beachte die Reihenfolge der Teilaufgaben.

   Schreibziel: _____
   _____
   _____

4. Notiere stichpunktartig, was dir zu dem Thema „Überfischung" einfällt. Welche Unterthemen könnten dargestellt werden? Wovon könnten die Materialien handeln?

   _____
   _____
   _____

Zweiter Schritt: Materialien erschließen und Inhalte erfassen

5. Lies die Texte einmal und betrachte auch die Bilder und Grafiken genau. Kennzeichne wichtige Informationen durch Unterstreichungen und halte sie am Rand fest:

   M 1: Fangquoten steigen weltweit;

   chinesische Fischerei fängt fast 1/3 aller

   Fische weltweit; Empfehlungen nicht

   anerkannt

> **TIPP** zum zweiten Schritt
>
> 1. Unterstreiche alle unbekannten Begriffe und kläre sie mithilfe eines Wörterbuches oder aus dem Sinnzusammenhang.
> 2. Kennzeichne mit Markierungen und Symbolen (!?) Textstellen, die für das Verständnis der Texte wichtig sind. Verweise kannst du mit Pfeilen (→) verdeutlichen.
> 3. Bilde zur Wiedergabe des Inhalts Abschnitte und formuliere Zwischenüberschriften.
> 4. Orientiere dich bei der Erschließung der Materialien an den Arbeitstechniken B 3 und B 4.

Mensch und Natur
Teil II

Bearbeite die folgenden Aufgaben in einem zusammenhängenden Text.

Du bist Reporter bei der Schülerzeitung. Die nächste Ausgabe soll dem Thema „Umweltschutz" gewidmet werden. Deine Aufgabe ist es, die Leser der Schülerzeitung über das Problem der Überfischung der Weltmeere zu informieren. Damit du deinen Schülerzeitungsartikel schreiben kannst, bekommst du eine Materialsammlung (M 1–M 5). Lies dir zunächst die Aufgabenstellung und dann die Materialien aufmerksam durch, bevor du mit dem Schreiben beginnst.

❶ Verfasse auf der Grundlage der Materialien M 1 bis M 5 einen **informativen Text** für deine Mitschülerinnen und Mitschüler und **kläre** sie darin über das Problem der Überfischung **auf**. Berücksichtige dabei folgende Gesichtspunkte:
  a) **Formuliere** für den Text eine passende Überschrift.
  b) **Formuliere** einen Einleitungsteil, in dem du deine Leser auf das Problem der Überfischung aufmerksam machst.
  c) **Stelle** die derzeitige Situation in den Weltmeeren **dar**, z. B. den Artenrückgang.
  d) **Erläutere** anhand konkreter Beispiele die Folgen, wenn die Überfischung weiterhin in der dargestellten Form betrieben wird.
  e) **Schlussfolgere**, was der einzelne Verbraucher zum Schutz der Fische unternehmen kann.
  f) **Notiere** unterhalb deines Textes die von dir genutzten Materialien.

M 1 Fangquoten weltweit

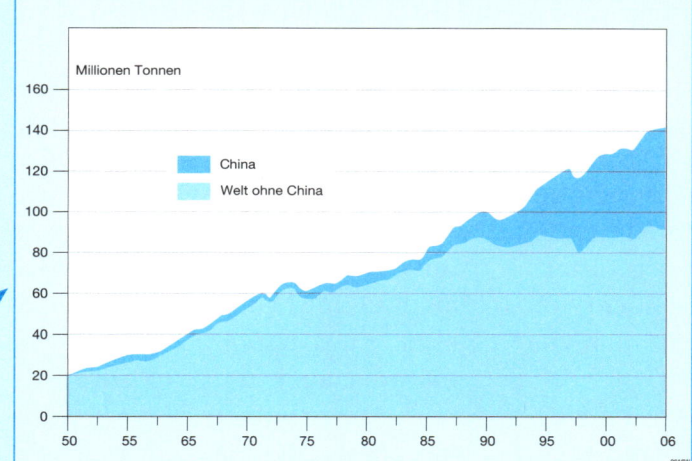

Bei der Festlegung der jährlichen Fangquoten werden die Empfehlungen der Wissenschaft regelmäßig ignoriert.

(FAO/Food Agricultural Organization of the United Nations)
Quelle: FAO 2009, Grafik: westermann

Chinesische Fischtrawler fangen tonnenweise Fisch!

M 2 Chinesische Fischtrawler vor Mauretanien

Vor der westafrikanischen Atlantikküste holen industrielle „Fischinseln", vor allem chinesische, Fische tonnenweise aus dem Meer und
5 verarbeiten sie direkt an Bord. Die Schiffe müssen monatelang nicht anlanden. Sie entziehen den Einheimischen die Existenzgrundlage. Kontrollen fehlen, weil die Gelder nicht zur Verfügung stehen. Kuriose̊rweise werden die Netze der einheimischen Fischer von der EU bezahlt. 10

M 3 Interview mit einem Umweltexperten der FAO

Reporter: Wie ist es um die Fischbestände in den Weltmeeren bestellt?
Umweltexperte: Die weltweite Nachfrage ist in den letzten Jahren explodiert. Über 80 Prozent der Bestände, darunter Thunfischarten, Rotbarsch, Scholle oder Nordseekabeljau, gelten nach Schätzungen der FAO trotz internationaler Regelungen und Fangquoten als überfischt oder stehen unmittelbar davor. Sollte sich an der gegenwärtigen kommerziellen Fischereipolitik nichts ändern, werden die meisten Fischbestände bis zum Jahr 2048 kollabieren.
Reporter: Wer ist denn Schuld am Schwund der Fische?
Umweltexperte: Jeder Deutsche verzehrt ca. 16 kg Fisch pro Jahr, zum Beispiel Alaska-Seelachsfilet. Von 1950 bis 2003 hat sich der Fischverbrauch um 600% erhöht. Um den globalen Hunger zu stillen, wurden im Jahr 2006 weltweit 92 Millionen Tonnen Fisch gefangen – wobei die tatsächliche Fangmenge aufgrund von Beifang und illegalem Fang weitaus höher liegt. Darüber hinaus wurden rund 51,7 Millionen Tonnen Fisch in Aquakulturen gezüchtet. Aber diese Kulturen werden zum Teil auch mit Fisch gefüttert, wie in Brasilien. Für die Zucht von einem Kilo Lachs braucht man vier Kilo Futterfische.
Reporter: Lässt sich der Fang weltweit nicht über Fangquoten regulieren?
Umweltexperte: Das ist so eine Sache. Es gibt vorgegebene Fangquoten, doch wirtschaftliche Interessen dominieren hier. Während Island und Norwegen sich bei Fangquoten vorbildlich verhalten, liegen die Fangquoten der EU etwa 35% über der von der Wissenschaft empfohlenen Fangmenge. Der Bestand des Blauflossen-Thunfischs kollabierte bereits 2007. 2012 wird wohl der letzte in die Netze gehen und auf den Tellern edler Sushi-Restaurants landen.
Reporter: Wie weit ist die Technologisierung der Fischerei fortgeschritten?
Umweltexperte: Auf den Meeren befinden sich etwa 2,1 Millionen Schiffe auf Beutezug. Rund 23.000 sind industrialisierte Trawler, die mit Sonargeräten und Satellitennavigation Fischgründe aufspüren und befischen. Je stärker die Bestände zurückgehen, desto größer werden Netze und die modernen Ausrüstungen.
Reporter: Wie sieht es mit der illegalen Fischerei aus, also Fischpiraterie?
Umweltexperte: Jedes Jahr kommen laut Expertenschätzungen 500.000 Tonnen illegal gefangener Fisch in der EU auf den Teller. Und es lohnt sich: Für einen einzelnen Blauflossen-Thunfisch werden heute mehr als 100.000 US-$ auf dem japanischen Fischmarkt bezahlt.
Reporter: Welche Auswirkungen hat diese Überfischung der Meere?
Umweltexperte: Die kommerzielle Überfischung bedroht nicht nur das gesamte Ökosystem Meer, sondern gefährdet auch die Ernährungssicherheit vor allem in West- und Nordafrika sowie Asien. Weltweit ernähren sich 2,6 Milliarden Menschen hauptsächlich von Fisch. Ein Kollaps der Bestände hätte dramatische Auswirkungen auf die Ernährungssicherheit dieser Menschen. Überfischung und die Fischerei-Abkommen der Industrieländer entreißen kleinen Fischern die Arbeit und ihre Existenzgrundlage.

Reporter: Was kann der Verbraucher zum Schutz der Fischbestände beitragen?
Umweltexperte: Wer dem Sterben in den Ozeanen ein Ende setzen will, sollte wissen, dass einige Fischarten wie Schwertfisch, Seeteufel oder Kabeljau/ Dorsch definitiv nicht mehr auf den Teller und die Speisekarte gehören.

Nach: Rima Hanano: Überfischung der Meere. In: RESET 2009 (bearbeitet)

M 4 Nachhaltige Fischprodukte

Siegel für nachhaltige Fischprodukte, wie das MSC-Siegel, sollen den Käufern die Fischwahl erleichtern. Die Standards dafür wollen gewährleisten, dass der Fisch bzw. die Meeresfrüchte aus einer nachhaltigen Fischerei oder Aquakultur kommen. Auch garantiert das Siegel die vollständige Rückverfolgbarkeit der Produkte.

ZERTIFIZIERTE NACHHALTIGE FISCHEREI MSC www.msc.org/de

„Als nachhaltige Fischerei gilt für Greenpeace grundsätzlich: Sie hält den Bestand der Zielart auf einem gesunden Niveau, ohne andere Arten des Ökosystems negativ zu beeinflussen. Andere Arten werden weder getötet noch wird ihre Nahrungsquelle oder ihr Lebensraum zerstört." (Greenpeace)

Nach Meinung von Greenpeace gibt es derzeit kein Siegel für nachhaltige Fischprodukte, das uneingeschränkt zu empfehlen ist. Greenpeace empfiehlt nur in Ausnahmefällen z. B. MSC-Produkte:

Das Siegel des Marine Stewardship Council (MSC-Siegel) ist das verbreitetste Siegel im Bereich der nachhaltigen Fischerei. Folgende Standards gelten:

– Die Fischer dürfen nur so viel Fisch entnehmen, wie nachwachsen kann.
– Die angewendeten Fangmethoden dürfen den Lebensraum Meer nicht schädigen.
– Der Fang von zu kleinen und anderen als den gewünschten Fischen, dem sogenannten Beifang (Schildkröten, Delfinen oder Haien), muss möglichst gering sein.

Autorentext; Zitat aus: M. Schneemann: Fisch im Ausverkauf (http://www.greenpeace.de/themen/meere/nachrichten/artikel/fisch_im_ausverkauf/26.082010)

M 5 Einkaufsratgeber Fisch & Meeresfrüchte

Entscheiden Sie sich mit Hilfe des WWF-Einkaufsratgebers Fisch & Meeresfrüchte[1] für Fischprodukte aus der Kategorie „Gute Wahl" und helfen Sie so, die Meere und Fischbestände zu schonen:

WWF-Empfehlung für Lachs:
Gute Wahl: Pazifischer Lachs (Ostpazifik USA), alle Fische bzw. Fischprodukte mit den Siegeln von MSC, Bioland und Naturland
Zweite Wahl: Wild- und Zuchtlachs aus Irland, Norwegen und Schottland
Lieber nicht!: Wild- und Zuchtlachs aus Chile, dem Nordost-Atlantik und dem Nordwest-Pazifik (Beringsee)

1 Einkaufsratgeber unter: www.wwf.de/fischratgeber: „Bewertung am Beispiel Lachs, Stand März 2013"

Dritter Schritt: Materialien untersuchen und auswerten

6. Was in den einzelnen Texten und Materialien dargestellt wird, hast du in Aufgabe 5 bereits festgestellt (S. 28). Nun musst du überprüfen, welche Informationen du für den informativen Text deiner Schülerzeitung nutzen kannst. Streiche zunächst die Aussagen oder Materialien, die keine brauchbaren Informationen zur Thematik oder zu den Teilaufgaben bieten. Lies dir dazu noch einmal genau die Aufgabenstellung durch.

> **TIPP zu 6.**
>
> Berücksichtige bei der Auswahl der Materialien deine Adressaten: die Leser der Schülerzeitung.

7. Auf den folgenden beiden Seiten findest du zwei mögliche Vorgehensweisen, die vorgegebenen Materialien auszuwerten: A) eine Tabelle (S. 33) und B) eine Mindmap (S. 34). Entscheide dich für eine Darstellungsart.

8. a) Ergänze die Kategorien der Teilaufgaben und die Informationen aus den Materialien stichwortartig in der Tabelle oder in der Mindmap. Lies vorher den Tipp unten.
   b) Ergänze Stichworte in der Kategorie *Daran muss ich denken: …*, um deinen Text vorzubereiten. Zudem notierst du hier, welche Materialien du verwendet hast (1f).

> **TIPP zu 8.**
>
> – Kategorien sind die Überschriften für deine Tabellenspalten. Um sie zu erhalten, formulierst du aus den Teilaufgaben Stichworte: z. B. *1b) Formuliere einen Einleitungsteil, in dem du dass Thema so darstellst, dass du deine Leser auf das Problem der Überfischung aufmerksam machst.* → Einleitung (auf Problem aufmerksam machen).
> – Nutze deine Markierungen und Randnotizen zu den Materialien, um die Tabelle bzw. die Mindmap auszufüllen.

> **TIPP zur Auswertung der Materialien mithilfe einer Tabelle oder einer Mindmap**
>
> 1. Lies noch einmal die Aufgabenstellung.
> 2. Lege dir eine **Tabelle** mit so vielen Spalten wie Teilaufgaben an **oder** lege dir eine **Mindmap** mit so viel Ästen wie Teilaufgaben an.
> 3. Finde Überschriften für die **Spalten oder Äste**. Orientiere dich dabei am Wortlaut der Aufgabe. Die Überschrift für Aufgabe 1b) könnte lauten: *Einleitung (auf Problem aufmerksam machen)*.
> 4. Ergänze eine weitere **Spalte oder** einen weiteren **Ast** mit *Daran muss ich denken: …* Hier notierst du Stichpunkte zu Vorbereitung des informativen Textes und die Materialien, die du verwendet hast: *Wie werde ich vorgehen? Welche Materialien werde ich für welche Teilaufgabe nutzen? Wie werde ich meinen informativen Text formulieren?*
> 5. Sichte die Materialien nacheinander. Prüfe noch einmal, ob deine Markierungen und Randnotizen vollständig sind. Überlege auch, zu welcher Teilaufgabe die Informationen passen könnten und welche Informationen du ganz streichen kannst.
> 6. Ergänze die Informationen **in eigenen Worten stichwortartig** in der passenden Spalte deiner Tabelle **oder** an dem passenden Ast deiner Mindmap.
> 7. Notiere auch passende Zitate, mit denen du deinen Text anschaulicher gestalten kannst. Zum Teil kannst du auch Quellenangaben, wie zum Beispiel Internet-Adressen, für deinen Text nutzen. *(Gib dem Verbraucher hier konkrete Tipps, wo er sich informieren könnte.)*
> 8. Arbeite mit bunten Farben, um den Überblick zu behalten und Wiederholungen zu vermeiden.

A) Tabelle

Adressat: Leser der Schülerzeitung
Situation/Thema: „Überfischung der Weltmeere"
Schreibziel: Informativer Text für die Schülerzeitung; Ausgabe zum Thema „Umweltschutz"

Aufgaben / Material	1 b) Einleitung (auf Problem aufmerksam machen)	1 c) Situation in den Weltmeeren	1 d)	1 e)	Daran muss ich denken:
M 1		- Fangquoten werden nicht berücksichtigt			- Material sichten - wichtige Informationen markieren - Randbemerkungen - Adressaten und Aufgabe im Blick behalten - Tabelle anlegen - Stichworte aus den Materialien zu den Aufgaben notieren - für die Einleitung Zitat und Informationen aus M 3 nutzen - …
M 2		- industrielle Fischtrawler holen tonnenweise Fisch aus dem Atlantik → einheimische Fischer fangen nicht genügend Fisch			
M 3	- Umweltexperte warnt, Zitat Z. 12–16 - Menschen wollen nicht auf Annehmlichkeiten verzichten (z. B. Sushi) → unverantwortlich				
M 4					
M 5					

B) Mindmap

Adressat: Leser der Schülerzeitung
Situation/Thema: „Überfischung der Weltmeere"
Schreibziel: Informativer Text für die Schülerzeitung; Ausgabe zum Thema „Umweltschutz"

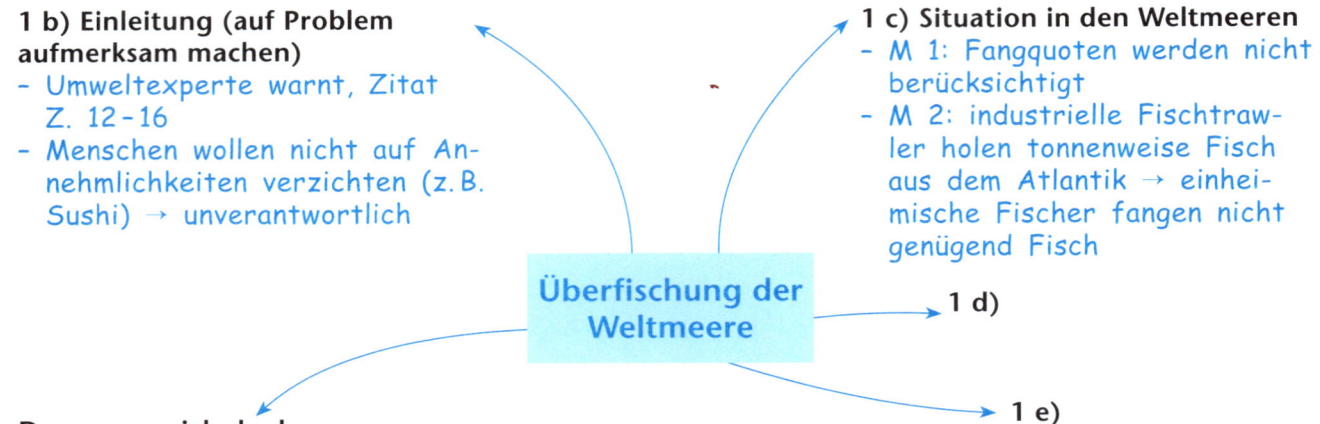

1 b) Einleitung (auf Problem aufmerksam machen)
- Umweltexperte warnt, Zitat Z. 12–16
- Menschen wollen nicht auf Annehmlichkeiten verzichten (z. B. Sushi) → unverantwortlich

1 c) Situation in den Weltmeeren
- M 1: Fangquoten werden nicht berücksichtigt
- M 2: industrielle Fischtrawler holen tonnenweise Fisch aus dem Atlantik → einheimische Fischer fangen nicht genügend Fisch

Überfischung der Weltmeere

→ 1 d)
→ 1 e)

Daran muss ich denken:
- Material sichten
- wichtige Informationen markieren
- Randbemerkungen
- Adressaten und Aufgabe im Blick behalten
- Mindmap anlegen
- Stichworte aus den Materialien zu den Aufgaben notieren
- für die Einleitung Zitat und Informationen aus M 3 nutzen
- …

> **TIPP**
> Notiere zu jedem Stichwort die Materialien.

Vierter Schritt: Schreibplan anlegen

> **TIPP zum vierten Schritt**
>
> Deine Schreibaufgabe besteht darin, in einem informativen Text die Aufgabe 1 zusammenhängend zu bearbeiten. Nutze die Aufgabenstellung und deren Unterpunkte für deine Gliederung. Verwende deine erarbeitete Stichwortsammlung (Tabelle oder Mindmap). Zum Abschluss nennst du die Materialien, die du verwendet hast (Aufgabe 1f). Gehe so vor:
>
> 1. Finde eine passende **Überschrift** (Aufgabe 1a). Orientiere dich dabei an der Vorgabe des Themas. Achte auch darauf, dass die Überschrift zum Lesen anregt.
> 2. In der **Einleitung** führst du in das Thema ein und machst auf das Problem aufmerksam. Du weckst das Interesse deiner Leser, zum Beispiel durch ein Zitat aus den Materialien. Damit hast du die Aufgabenstellung 1b) bearbeitet.
> 3. Im **Hauptteil** wendest du dich den Aufgaben 1c) bis d) zu. *Hier beschreibst du die derzeitige Situation in den Weltmeeren und erläuterst anhand konkreter Beispiele die Folgen der Überfischung.*
> 4. Im **Schlussteil** (Aufgabe 1e) schlussfolgerst du, *was jeder einzelne Verbraucher zum Schutz der Fische unternehmen kann.* Hier kannst du auch einen Appell an deine Leser richten.
> 5. Abschließend notierst du in einem Satz noch die Materialien, die du verwendet hast (Aufgabe 1f). Orientiere dich dazu an deiner Tabelle oder Mindmap.

9. In einem Schreibplan legst du die Abfolge deiner Gedanken in Stichpunkten fest. Stelle diese Gliederung für deinen Aufsatz zusammen. Sie sichert ab, dass du deine Ergebnisse zusammenhängend und strukturiert darstellst. Übertrage den folgenden Schreibplan für deinen Text auf ein Extrablatt und vervollständige ihn.

Schreibplan

Aufgabe 1

- Aufgabe 1 a) Überschrift: _____

Einleitung:

- Ausgabe der Schülerzeitung zum Thema „Umweltschutz"

- Thema: Problem der Überfischung der Weltmeere → Rückgang der Bestände

- Zitat aus M 3 (Z. 12–16: Fischbestände kollabieren bis 2048)

- M 3: Menschen wollen nicht auf Annehmlichkeiten verzichten (z. B. Sushi)

→ unverantwortlich …

Hauptteil:

- Aufgabe 1 c) Beschreibung der Situation in den Weltmeeren: 80 Prozent der Fischbestände gelten als überfischt oder stehen kurz davor (M 3) …

- Aufgabe 1 d) Erläuterung der Folgen (mit Beispielen): …

Schluss:

- Aufgabe 1 e) Schlussfolgerungen: Was kann der einzelne Verbraucher tun?

- Aufgabe 1 f) verwendete Materialien notieren: …

Fünfter Schritt: Eigenen Text schreiben

TIPP zum fünften Schritt

1. Schreibe deinen Text. Lasse an der Seite und unten einen breiten Rand, damit du Platz für die Überarbeitung und Ergänzungen hast.
2. Formuliere eine Überschrift, die auf das Problem aufmerksam macht: *Bald keine Fischstäbchen mehr?*
3. Bringe die Ergebnisse deiner Vorarbeit in eine schlüssige und zusammenhängende Reihenfolge. Achte darauf, dass du die Stichworte aus den verschiedenen Materialien miteinander verknüpfst. Orientiere dich an den **Teilaufgaben**. Lasse nach jeder Aufgabe einen **Absatz**.
4. Berücksichtige beim Ausformulieren deines zusammenhängenden Textes den Adressaten (deine Mitschülerinnen und Mitschüler). Schreibe sachlich, aber auch anschaulich und lebendig: *Wir müssen unser Konsumverhalten deutlich einschränken, wenn wir wollen, dass sich die Fischbestände erholen.*
5. Halte dich an die dargestellten Fakten und Zahlen. Verwende Fachbegriffe, erkläre aber auch Begriffe und Namen, die in der Alltagssprache nicht häufig vorkommen.
6. Formuliere grundsätzlich in eigenen Worten. Kennzeichne Zitate oder Belege durch Anführungszeichen und Angabe der Quelle oder zitiere indirekt: *Nach Angaben der FAO habe sich der Fischverbrauch in 53 Jahren „um 600 % erhöht".*

10. Verfasse deinen informativen Text. Orientiere dich dazu an deinem Schreibplan. Beginne mit der <u>Einleitung</u>.

    1) Bald keine Fischstäbchen mehr?
    In unserer Ausgabe „Umweltschutz" darf das Thema „Überfischung der Weltmeere" nicht fehlen, denn wir Menschen gehen unverantwortlich mit den wenigen noch vorhandenen Fischbeständen um. So spricht ein Umweltexperte der FAO gerade unsere Generation an, wenn er warnt: „Sollte sich an der gegenwärtigen […] Fischereipolitik nichts ändern, werden die meisten Fischbestände bis zum Jahr 2048 kollabieren." …

11. Schließe nach einem Absatz deinen <u>Hauptteil</u> an:

    Über 80 Prozent der Fischbestände sind aktuell überfischt oder stehen unmittelbar davor. Das hat viele verschiedene Gründe. Der Hauptgrund besteht aber darin, dass …

12. Im <u>Schlussteil</u> gibst du Tipps, was der Verbraucher zum Schutz der Meere tun kann, und formulierst einen Appell:

    Daraus ergibt sich, dass wir dringend umdenken müssen. Hinweise für den richtigen Konsum …

13. Im Anschluss gibst du in einem Satz die Materialien an, die du verwendet hast.

    Zum Verfassen meines informativen Textes habe ich die Materialien … genutzt.

Sechster Schritt: Text überarbeiten

14. Überarbeite deinen Text. Verwende dazu die Checkliste.

CHECKLISTE zur Überarbeitung von informativen Texten

1. **Den Text inhaltlich überprüfen (Inhaltsleistung)**
   - Hast du eine interessante Überschrift gewählt?
   - Hast du in deinem Text alle Unterpunkte der Schreibaufgabe berücksichtigt?
   - Hast du den Text sinnvoll gegliedert? Ist er durch Absätze überschaubar gestaltet?
   - Sind die Informationen für den Leser nachvollziehbar und interessant dargestellt?
   - Wurden die Informationen (Fakten, Zahlen) richtig aus den Materialien übernommen?
   - Hast du die Stichworte aus Tabelle oder Mindmap miteinander verknüpft und Zusammenhänge hergestellt?

2. **Den Text sprachlich überprüfen (Darstellungsleistung)**
   - Hast du unnötige Wiederholungen vermieden?
   - Fallen dir beim Lesen unklare Formulierungen auf, die du noch erklären musst?
   - Sind deine Sätze vollständig?
   - Wo kannst du komplizierte Sätze vereinfachen?
   - Hast du Zusammenhänge durch sinnvolle Satzverknüpfungen verdeutlicht?
   - Überprüfe auch Rechtschreibung, Zeichensetzung und Grammatik, denn sie fließen in die Bewertung ein und können den Lesefluss beeinträchtigen. Kontrolliere mehrfach.

B 6 Schreibaufgabe zu einem Sachtext in sechs Schritten bearbeiten

Auf den folgenden Seiten lernst du die wichtigsten Arbeitsschritte für das Lesen und Erschließen eines Sachtextes sowie für die Bearbeitung der Aufgaben kennen. Auf den Seiten 38 und 39 findest du einen Text, an dem du diese Schritte üben kannst. Auch in den Prüfungsaufgaben zum angeleitetem Üben in den folgenden Kapiteln dieses Arbeitsheftes wird auf diese grundlegenden Seiten verwiesen.

Erster Schritt: Sich orientieren

> **TIPP zum ersten Schritt**
>
> Stürze dich nicht gleich in die Arbeit, sondern verschaffe dir eine erste Orientierung:
> 1. Was verlangt die Aufgabe von dir?
>   Lies die Aufgabenstellung und unterstreiche alle wichtigen Hinweise auf das, was du tun sollst. Du erhältst oft schon Anhaltspunkte, auf was du beim Lesen des Textes achten musst.
> 2. Worum geht es in dem Text? Was verrät dir die Überschrift?

1. Lies die Aufgabenstellung in der Prüfungsvorlage rechts „mit dem Stift".

2. Gib mit eigenen Worten wieder, was du tun sollst.

   _____
   _____
   _____

3. Notiere stichpunktartig, was dir zu dem Titel einfällt: Wovon könnte der Text handeln?

   _____
   _____
   _____
   _____

Zweiter Schritt: Text lesen und Inhalt erfassen

4. Schau dir die Unterstreichungen und Randnotizen zum ersten Absatz an. Verfahre in gleicher Weise mit dem folgenden Text (siehe auch B 3, S. 24).

5. Welche Erklärungen hast du für die folgenden Textstellen gefunden?

   Frustration (Z. 34): _____
   _____

   scheinbar ausbleibende Hilfe (Z. 35): _____
   _____
   _____

   tolerieren (Z. 102): _____
   _____

> **TIPP zum zweiten Schritt**
>
> Mache dir klar, worum es in diesem Text geht:
> 1. Unterstreiche und kläre dazu alle Textstellen, die dir unklar sind.
> 2. Verwende ein Wörterbuch oder erschließe die Bedeutung aus dem Textzusammenhang. Schreibe deine Erläuterungen an den Rand.
> 3. Kennzeichne Textstellen, die besonders wichtig erscheinen oder die du noch klären willst, mit Symbolen (! ?+ –).

Recht und Gerechtigkeit
Teil II

❶ Analysiere den Text „Wenn Recht und Ordnung untergehen". Gehe dabei so vor:
  a) **Formuliere** eine Einleitung (Autorin, Titel, Textsorte, Thema).
  b) **Fasse** den Inhalt mit eigenen Worten **zusammen**.
  c) **Stelle** am Beispiel von New Orleans **dar**, was passieren kann, wenn das Recht außer Kraft gesetzt ist. Belege deine Aussage am Text.
  d) **Erläutere**, welche Absicht die Autorin mit ihrem Text verfolgt, und stütze deine Ansicht mit Textstellen.

❷ Im Text heißt es: *„Niemand würde sich an Gesetze halten, wenn Gesetzesüberschreitungen ohne Folge blieben."* (Z. 74–76). **Nimm Stellung** zu dieser Aussage und **begründe** deine Meinung. Schreibe einen zusammenhängenden Text.

Wenn Recht und Ordnung untergehen

Immer wieder beschweren sich Bürger, dass Richter kleinlich urteilen, anstatt Gesetze großzügig auszulegen. Oder sie halten es für überzogen, ⁵für kleine Vergehen, beispielsweise im Straßenverkehr, zur Rechenschaft gezogen zu werden. <mark>Was aber passiert, wenn Recht und Ordnung außer Kraft gesetzt werden?</mark> Dies zeigt ¹⁰ganz klar das folgende Beispiel:

Ausgangsfrage!!!

Im Sommer 2005 zog der Hurrikan „Katrina" über den Süden der Vereinigten Staaten hinweg und richtete bis dahin nie da gewesene Zerstö-¹⁵rungen an. Besonders betroffen war New Orleans. Teile der Stadt liegen unter dem Meeresspiegel. Als die Dämme brachen, wurden weite Teile der Stadt überflutet.
²⁰Eine Woche, nachdem der Hurrikan über die Küste von Louisiana und Mississippi hinweggefegt war, suchten dort Überlebende nach Lebensmitteln und Medikamenten. ²⁵Dabei verschafften sie sich auch mit Gewalt Einlass in Apotheken und Supermärkte. <mark>Niemand machte sich darüber Gedanken, dass er sich mit diesen Übergriffen strafbar macht ³⁰oder welche Folgen diese Plünderungen für die Eigentümer haben könnten.</mark> Recht und Ordnung waren in der Stadt untergegangen. Wut, Trauer und Frustration über die scheinbar ausbleibende Hilfe ³⁵schlugen in Hass und Aggression um. Dabei wurde auch keine Rücksicht auf die Gesundheit oder das Leben der Mitbürger genommen. Jeder war sich selbst der Nächste! ⁴⁰Während man teilweise noch Verständnis aufbringen könnte für diese Ausnahmesituation, in der die Einwohner die eigene Versorgung sicherstellen wollten, so sehr muss ⁴⁵man die Auswüchse dieser Situation ablehnen: So nutzten Anwohner das Chaos, das der Hurrikan angerichtet hatte, schamlos aus, indem sie beispielsweise Flachbildschirme, ⁵⁰Uhren, Jeans und Handys dreist auf überquellende Einkaufswagen stapelten und darauf hofften, mit den geraubten Gegenständen aus ihren Beutezügen Geld machen zu können. ⁵⁵Mitbürger wurden sogar mit vorgehaltener Waffe dazu gezwungen, ihre Autos abzugeben. Oft genug konnte die Polizei nur hilflos zusehen. Die Masse der Gesetzesbrecher überstieg ⁶⁰die Anzahl der Gesetzeshüter deutlich. So verteidigten Ladenbesitzer ihr Eigentum, indem sie zur Selbstjustiz[1] übergingen.

Beispiel New Orleans

Menschen handeln egoistisch!!!

⁶⁵ Das Beispiel von New Orleans zeigt ganz deutlich, dass gerade in Ausnahmesituationen Gesetze gelten müssen. Dies bedeutet jedoch auch, dass alle Bürger die Regeln ⁷⁰ eines Rechtsstaates achten und die Stärkeren ihre Interessen nicht rücksichtslos auf Kosten der Schwächeren durchsetzen.

Niemand würde sich an Gesetze hal- ⁷⁵ ten, wenn Gesetzesüberschreitungen ohne Folge blieben.

Doch wo fängt die Ahndung der Gesetzesverstöße an? Erst bei Mord oder schwerem Diebstahl? Oder ⁸⁰ doch schon, wenn jemand bei Rot über die Ampel geht? Eine Bestrafung dieses Verkehrsdelikts mag vielen kleinlich erscheinen, doch zeigt dieses Beispiel, dass es keine ⁸⁵ Ausnahmen geben kann, wenn es um Gesetzesverstöße geht. Wir leben nun einmal in einem Rechtsstaat, der uns Sicherheit bietet, andererseits manchmal auch die Individualität einengt. ⁹⁰

Ein Rechtsstaat kann nur funktionieren, wenn alle Bürger zum Wohl der Allgemeinheit Gesetze befolgen. Somit steht und fällt ein Rechtsstaat mit dem Gewissen und der Moral ⁹⁵ seiner Bürger. Daher ist jeder von uns aufgefordert, sein Rechtsempfinden für die Einhaltung von Gesetzen zu sensibilisieren, auch wenn dies bedeutet, dass „kleinliche" Bestra- ¹⁰⁰ fungen im Sinne der Aufrechterhaltung toleriert werden müssen. Ist es da nicht besser, in den sauren Apfel zu beißen und etwa ein Knöllchen für falsches Parken zu zahlen, bevor ¹⁰⁵ es dazu kommt, dass Recht und Ordnung untergehen?

Kommentar von Andrea Heinrichs

1 Selbstjustiz: Menschen nehmen das Recht selbst in die Hand

Dritter Schritt: Text auswerten und Stellungnahme vorbereiten

TIPP zum dritten Schritt

Einen Text analysieren heißt, sich zu folgenden Fragen Notizen herauszuschreiben:
- Um welches Thema geht es?
- Welche Textsorte liegt vor?
  An welchen Textmerkmalen erkennst du sie?
- Welche wichtigen Aussagen/Argumente und Gegenargumente werden genannt?
  Unterteile den Text dazu in Sinnabschnitte.
- Welche wichtigen Zitate hast du gefunden?
  Schreibe diese in Anführungsstrichen heraus und ergänze die Zeilenangabe.
- Mit welcher Absicht wurde der Text verfasst?
- Wie wirkt der Text auf dich? Untersuche, mit welchen sprachlichen Mitteln die Autorin die Wirkung erreicht.

So kannst du einen Text auswerten:
1. Text mit Stichworten auswerten
   - Schreibe deine Randnotizen in Stichworten untereinander auf.
   - Zeige durch Pfeile Zusammenhänge auf.
2. Texte mithilfe eines Clusters oder einer Mindmap aufbereiten
   - Bei einem **Cluster** schreibst du das zentrale Thema des Textes in die Mitte des Blattes. Darum herum notierst du die verschiedenen im Text genannten Aspekte. Wichtige Informationen kannst du durch Fragen hervorheben.
   - Bei einer **Mindmap** schreibst du auch das Thema in die Mitte. Durch Äste kannst du verschiedene Aspekte deutlich voneinander abheben.

40 | B 6 Arbeitstechniken und Strategien | Recht und Gerechtigkeit | Aufgabentyp 4a

6. Schreibe in einem Satz auf, worum es im Text geht.

   Der Text weist darauf hin, warum es wichtig ist, sich
   an Gesetze zu halten, und zeigt am Beispiel …
   _____
   _____
   _____

> **TIPP zur Weiterarbeit**
>
> Um die Ergebnisse aus den Aufgaben 7 – 12 festzuhalten, kannst du folgendermaßen vorgehen:
> - Du ergänzt die Mindmap auf S. 42 oder
> - du beantwortest jede Aufgabe auf den dazugehörigen Linien im Heft.
>
> Achte darauf, dass du auch wichtige Zitate aus dem Text vermerkst.

7. Bestimme die Textsorte. Schreibe in Stichworten Merkmale auf, an denen du die Textsorte erkennst. Wenn du unsicher bist, lies im Glossar (ab S. 140) nach.

   Kommentar: _____

   – sachlich und informativ

   – Autorin legt Meinung begründet dar …
   _____
   _____
   _____
   _____
   _____
   _____

8. Untersuche, in welche Sinnabschnitte sich der Text unterteilen lässt. Zum ersten Abschnitt findest du schon am Rand des Textes einen kurzen Satz angegeben.

   Z. 1–10: Beschwerden über Gesetzesauslegung …

   Z. 11–64: Ausnahmesituation in New Orleans
   _____
   _____
   _____
   _____
   _____

> **TIPP zu 8.**
>
> Jeder Sinnabschnitt enthält einen wichtigen Gedanken. Ein Sinnabschnitt kann mehrere Textabschnitte umfassen. Fasse den Kern des Sinnabschnitts in einem Stichwort oder in einem kurzen Satz am Rand des Textes zusammen.

9. Gib die wichtigsten Aussagen des Textes wieder.
   - Beschwerden über Gesetzesauslegung: Bürger beschweren sich, dass Richter „kleinlich urteilen"
   - Ausgangsfrage: ...

10. Finde im Text Beispiele, die die Ausnahmesituation in New Orleans schildern.
    - Überlebende suchen nach Wasser und Lebensmitteln

TIPP zum dritten Schritt

Eine **Mindmap** hilft dir, deine Ergebnisse während der Arbeit am Text übersichtlich darzustellen. Dazu schreibst du das zentrale Thema des Textes in die Mitte des Blattes. Darum herum notierst du Kennzeichen des Textes, inhaltliche Aspekte, sprachliche Merkmale und ihre Wirkung. Du kannst je nach Erkenntnisstand weitere Aspekte hinzufügen oder hast die Möglichkeit, besonders wichtige Details durch Farben oder Ähnliches hervorzuheben.

Textsorte:
Kommentar (Autorin: Andrea Heinrichs)

Zentrum: Wenn Recht und Ordnung untergehen

Sinnabschnitte

Beschwerden über Gesetzesauslegung: (Z. 1–Z. ...)
- Richter urteilen „kleinlich", Z. ...
- ...

Schilderung der Ausnahmesituation: (Z. ...)
- Hurrikan „Katrina" (2005)
- ...

Keine Ausnahmen bei Gesetzesüberschreitungen (Z. ...):
- ...

(Z. ...)
- Bürger müssen zum Wohl der Allgemeinheit Gesetze befolgen (Z. ...)

Absicht der Autorin:
- ...

Sprachliche Mittel:
- Wir-Form
- ...

Beispiele aus New Orleans: (Z. ...)
- ...

11. Untersuche, in welcher Absicht dieser Text geschrieben wurde.
    _____
    _____
    _____
    _____

TIPP zu 11.

Ein/e Autor/in kann folgende Absichten haben:
Er/Sie will …
- informieren,
- unterhalten,
- kommentieren,
- appellieren,
- kritisieren.

Oft enthält ein Text mehrere Absichten.

12. Wie wirkt der Text auf dich? (ansprechend – nüchtern – wissenschaftlich – interessant – informativ …)
    _____

13. Untersuche, wie die Autorin diese Wirkung erreicht. Schreibe wichtige Belegstellen (Zitate) für deine Feststellungen auf.
    _____
    _____
    _____
    _____
    _____
    _____

TIPP zu 13.

Die Wirkung eines Textes wird durch die Verwendung von sprachlichen Mitteln erreicht:
- Wortwahl (Fachbegriffe, Zahlenangaben),
- sprachliche Bilder,
- Satzbau,
- wörtliche Rede,
- umgangssprachliche Wendungen.

14. Lies die Aufgabenstellung ❷ noch einmal. Wozu sollst du Stellung nehmen?
    _____

15. Sammle in Stichworten Gedanken zu deiner Stellungnahme. Beantworte zur Vorbereitung deiner Stellungnahme folgende Aufgaben stichpunktartig:
    a) Entscheide dich, ob du dieser Aussage zustimmst oder ihr widersprichst.
    _____
    _____
    _____
    _____
    _____
    _____
    _____

TIPP zu 15.

In einer Stellungnahme wird von dir erwartet, dass du deinen Standpunkt klar und eindeutig darstellst und durch nachvollziehbare Gründe und anschauliche Beispiele erläuterst.
Gehe so vor:
- Überlege, inwieweit du Gesichtspunkte aus dem Text aufgreifen, fortführen oder infrage stellen kannst.
- Sammle stichwortartig Gründe und Beispiele, die dir aufgrund eigener Erfahrungen einfallen.

b) Überlege und begründe, ob die Beispiele aus New Orleans deine Meinung stützen oder ob du die Beispiele für unpassend hältst.

_____
_____
_____
_____
_____

c) Lege anschließend die Reihenfolge deiner Gedanken für die Stellungnahme fest.

_____
_____
_____
_____
_____
_____
_____
_____
_____
_____
_____
_____

Vierter Schritt: Einen Schreibplan anlegen

TIPP zum vierten Schritt

Deine Schreibaufgabe besteht darin, in einem Text alle Aufgaben zu bearbeiten. Nutze die Aufgabenstellungen und deren Unterpunkte für deine Gliederung. Lege in einem Schreibplan die Gliederung deines Textes fest.

Einleitung:
Hier beantwortest du in zwei bis drei Sätzen folgende Fragen:
- Welche Angaben kannst du über den Text machen (Autor/in, Titel, Quelle)?
- Um welche Textsorte handelt es sich?
- Worum geht es in diesem Text?

Hauptteil:
Hier gibst du die wichtigsten Aussagen/Argumente mit eigenen Worten wieder.
Gehe auf die Absicht und die Wirkung des Textes ein. Erkläre, wie der Aufbau des Textes und die eingesetzten sprachlichen Mittel dazu beitragen.

Schluss:
In diesem Teil nimmst du zu einer Textaussage bzw. einem Zitat Stellung. Achte auf die genaue Formulierung der Aufgabe ❷.

16. Lege dir einen Schreibplan an.
    Berücksichtige dabei deine Auswertung des Textes (siehe auch Mindmap auf Seite 42).

Schreibplan

Einleitung:

1. Kommentar „Wenn Recht und Ordnung untergehen" von Andrea Heinrichs

...

Hauptteil:

1. Kurze Zusammenfassung der wichtigsten Textaussagen

2.

Schluss:

1. Stellungnahme zum Zitat „Niemand würde sich an Gesetze halten, wenn Gesetzesüberschreitungen ohne Folge blieben" (Z. 74–76)

Fünfter Schritt: Eigenen Text schreiben

TIPP zum fünften Schritt

1. Schreibe deinen Text auf das vorgesehene Papier. Lasse an der Seite und unten einen breiten Rand, damit du für die Überarbeitung Raum hast.
2. Formuliere deinen Text mit eigenen Worten und schreibe nicht einfach Sätze ab.
3. Verwende Zitate, wenn du damit etwas Typisches oder Bemerkenswertes herausstellen willst oder um eigene Aussagen zu belegen. Kennzeichne Zitate durch Anführungsstriche und Zeilenangaben in Klammern, z. B. *„Niemand machte sich darüber Gedanken, dass er sich mit diesen Übergriffen strafbar macht ..."* (Z. 27–29).
4. Damit dein Text zusammenhängend wirkt, verknüpfe deine Sätze durch Wörter wie: *anschließend, darüber hinaus, zusätzlich, weiterhin, schließlich, obwohl, dennoch, aber, allerdings, dann, daraufhin, sowohl ... als auch, weder ... noch.*

17. Beginne auf einem Extrablatt mit der Einleitung.

In dem Kommentar „Wenn Recht und Ordnung untergehen" von Andrea Heinrichs geht es darum, …

18. Schließe nach einem Absatz den Hauptteil an. So kannst du anfangen:

Der Kommentar greift zu Beginn die Meinung vieler Bürger auf, dass Gesetzesübertretungen häufig zu kleinlich geahndet werden. Dem entgegnet die Autorin …

19. Für die Stellungnahme kannst du folgende Formulierungen verwenden:

einerseits …, andererseits … / im Gegensatz zu … / meiner Meinung nach … / fest steht, dass … / ich denke, dass …, denn / aus diesem Grund … / hinzu kommt, dass … / vergleicht man beide Seiten … / zusammenfassend lässt sich sagen, dass … / das bedeutet, man sollte auch …

So kannst du deine Stellungnahme beginnen:

Die Textaussage „Niemand würde sich an Gesetze halten, wenn Gesetzesüberschreitungen ohne Folge blieben" (Z. 74–76) ist meiner Meinung nach …

Sechster Schritt: Text überarbeiten

20. Überarbeite deinen Text. Verwende dazu die Checkliste.

CHECKLISTE zur Überarbeitung von Texten

1. Den Text inhaltlich überprüfen
- Hast du in deinem Text alle Unterpunkte der Aufgabenstellung berücksichtigt?
- Stimmt dein Text mit deinen Vorüberlegungen bzw. deinen Schreibzielen überein?
- Wo können Absätze deinen Text besser und sinnvoller gliedern?
- Wo willst du etwas ergänzen oder streichen?
- Hast du deine Aussagen am Text belegt?

2. Den Text sprachlich überarbeiten
- Hast du unnötige Wiederholungen vermieden?
- Sind deine Sätze vollständig?
- Hast du verschiedene Satzanfänge gewählt?
- Kannst du zu lange Sätze auflösen?
- An welchen Stellen kannst du Sätze miteinander verbinden?

3. Text auf Rechtschreibung und Zeichensetzung überprüfen
- Entdeckst du Flüchtigkeitsfehler (z. B. unvollständige Wörter, verdrehte Buchstaben)?
- Welche Wörter solltest du besser noch einmal nachschlagen?
- Stimmt die Zeichensetzung (Punkte, Fragezeichen, Kommas, Anführungsstriche)?

B 7 Schreibaufgabe zu einem erzählenden Text in sechs Schritten bearbeiten

In dieser Einheit werden die wichtigsten Arbeitsschritte für das Lesen und Erschließen eines erzählenden Textes und die Schritte für die Bearbeitung der Prüfungsaufgaben dargestellt.

Auf den nächsten Seiten findest du eine Prüfungsvorlage, mit der du diese Schritte üben kannst. Auch in den Prüfungsaufgaben zum angeleiteten Üben in den folgenden Kapiteln wird auf diese grundlegenden Seiten verwiesen.

Erster Schritt: Sich orientieren

> **TIPP zum ersten Schritt**
>
> Stürze dich nicht gleich in die Arbeit, sondern verschaffe dir eine erste Orientierung:
> 1. Was verlangt die Aufgabe von dir? Lies die Aufgabenstellung und unterstreiche alle wichtigen Hinweise auf das, was du tun sollst. Hier erhältst du oft schon Anhaltspunkte, worauf du beim Lesen des Textes achten musst.
> 2. Worum geht es in dem Text? Was verrät dir die Überschrift?

1. Lies die Aufgabenstellung in der Prüfungsvorlage rechts „mit dem Stift".

2. Gib mit eigenen Worten wieder, was du tun sollst.

   _____

   _____

3. Notiere stichpunktartig, was dir zu dem Titel einfällt: Wovon könnte der Text handeln?

   _____

   _____

Zweiter Schritt: Text lesen und Inhalt erfassen

4. Schau dir die Unterstreichungen und Randnotizen zu den ersten beiden Absätzen an. Verfahre in gleicher Weise mit dem weiteren Text (siehe auch B 2, S. 22).

5. Welche Erklärungen hast du für die folgenden Textstellen gefunden?
   „Aus Pietätsgründen …" (Z. 13)

   _____

   _____

   „Dann plötzlich scheint ein Erinnern auf sein Gesicht zu kommen." (Z. 22–24)

   _____

   _____

   _____

> **TIPP zum zweiten Schritt**
>
> 1. Unterstreiche und kläre alle Textstellen, die dir unklar sind.
> 2. Verwende dazu ein Wörterbuch oder erschließe die Bedeutung aus dem Textzusammenhang. Schreibe deine Erläuterungen an den Rand.
> 3. Kennzeichne Textstellen, die dir besonders wichtig erscheinen, mit Symbolen (! ? + –).

Recht und Gerechtigkeit

Teil II

Lies bitte zuerst den Text, bevor du dich der Bearbeitung der Aufgabenstellung zuwendest. Schreibe anschließend einen zusammenhängenden Text.

❶ Analysiere den Text. Gehe dabei folgendermaßen vor:
a) **Formuliere** eine Einleitung.
b) **Fasse** den Inhalt in eigenen Worten **zusammen**.
c) **Beschreibe** Peters Situation.
d) **Stelle** anhand von Textbeispielen Peters und Jeans Gefühlslage **dar** und **erläutere** ihr Verhältnis zueinander.
e) **Erkläre** die Überschrift „Das Wiedersehen" und **erläutere** die Textaussage.

❷ In Zeile 51–53 sagt Peter: *„Die wirkliche Strafe, weißt du, die kommt erst jetzt."* **Erläutere**, was er damit meint, und **nimm Stellung** zu dieser Aussage.

Das Wiedersehen Gertrud Schneller

Peters Hand zittert leicht, als er sie auf die Türklinke legt. Rascher als nötig geht er auf den hintersten, in der Ecke des Cafés stehenden Tisch zu. Dann
5 bleibt er stehen und sagt:
„Ich wusste, dass ich dich hier finden werde."
Der Angeredete blickt überrascht hinter dem großen Zeitungsblatt hervor.
10 Als er Peter sieht, lässt er das Blatt fallen und ruft: „Du! Bist du schon wieder ..." Das letzte Wort lässt er unausgesprochen. Aus Pietätsgründen, wie der andere vermutet.
15 „Drei Jahre sind genug", meint Peter leise.
Jean nickt, rückt den Stuhl zurecht und heißt ihn Platz nehmen. „Trinkst du einen Schwarzen?"
20 „Gerne."
Der Kellner kommt. Sein Blick richtet sich suchend auf den Gast. Dann plötzlich scheint ein Erinnern auf sein Gesicht zu kommen.
25 „Der wusste es auch, nicht wahr?", sagt Peter.
„Ach", erwidert Jean, „Kellner wissen alles. Mach dir nichts daraus."
Sie schweigen.
30 Dann sagt Peter leise: „Bist du noch immer auf der Bank?"

„Ja."
„Ich wusste es. So sicher, wie ich wusste, dich zu dieser Tageszeit hier beim Lesen der Zeitung antreffen zu 35 können."
„Hast du schon Arbeit?", fragte der andere.
„Ja, ja. Dafür hat man gesorgt. Morgen kann ich bereits anfangen. Und 40 du ..., du bist Prokurist geworden, nicht wahr?"
Jean nickte.
„Ich würde es nie mehr tun", sagte Peter leise. „Nie mehr." 45
Jean nickt wieder.
„Wirst du wieder bei Frau Ruegg wohnen?"
„Nein! Ich wollte. Aber sie hatte alle möglichen Ausreden, als ich heute 50 Morgen bei ihr vorbeiging. Die wirkliche Strafe, weißt du, die kommt erst jetzt."
„Nein, nein. Das ist es sicher nicht", sagt Jean rasch. 55
„Bedenke, es herrscht ein großer Zimmermangel."
Sie schweigen wieder. Jean zündet eine Zigarette an und spielt mit dem Blatt der Zeitung, während Peter nach- 60 denklich in seinem Schwarzen rührt. Plötzlich blickt Jean auf die Uhr, ruft

den Kellner und zahlt.
„Ich muss jetzt gehen. Verzeih bitte.
65 Mein Zug fährt in einer halben Stunde.
Ich fahre für drei Wochen aufs Land. Meine langweilige Bronchitis, du weißt ja." Peter wird blass. Auch der,
70 denkt er bitter, auch der hat Ausreden. Mein einziger Freund. Er gibt Jean die Hand und wünscht ihm gute Erholung. Obwohl er nicht an diese Reise und an seine Erholung glaubt.
75 Peter sitzt nun allein am Tisch. Seine Rechte spielt zitternd auf dem Blatt der Tageszeitung. Sein Blick ist gesenkt.

Er sieht deshalb nicht, wie Jean sich bei der Tür entschlossen umwendet und auf den hintersten, in der rechten 80 Ecke stehenden Tisch zusteuert. Erst als er dicht vor ihm steht, blickt er überrascht auf.
„Hast du etwas vergessen?", fragt Peter. 85
„Ja! Ich habe vergessen, dir den Schlüssel zu geben."
„Den Schlüssel. Welchen Schlüssel?"
„Den Schlüssel zu meiner Wohnung. Du kannst, solange ich weg bin, bei 90 mir wohnen."

© Gertrud Schneller, Zürich

Dritter Schritt: Text auswerten und Stellungnahme vorbereiten

TIPP zum dritten Schritt

Einen Text untersuchen heißt, sich zu folgenden Fragen Notizen herauszuschreiben:
- Um welches Thema geht es?
- Welche Textsorte liegt vor?
- Wann und wo spielt die Handlung?
- Wer sind die wichtigsten Personen?
- In welche Sinnabschnitte kann man den Text einteilen?
- Wie wirkt der Text auf dich?
- Welche sprachlichen Mittel erkennst du? Welche Funktion haben sie? (siehe Glossar)

- Welche Absicht verfolgt der Verfasser/die Verfasserin?

So kannst du einen Text bearbeiten:
- Markiere oder unterstreiche alle Textstellen, die zum Verständnis wichtig sind.
- Fasse den Kern jedes Sinnabschnittes in einem Stichwort oder in einem kurzen Satz am Rand des Textes zusammen.
- Unterstreiche Stellen, die du sprachlich auffällig findest.

6. Schreibe in ein bis zwei Sätzen auf, worum es in der Erzählung geht.

   _____
   _____
   _____
   _____

7. Bestimme die Textsorte. Schreibe in Stichworten Merkmale auf, an denen du die Textsorte erkennst. Wenn du unsicher bist, lies im Glossar (ab Seite 140) nach.

   _____
   _____
   _____
   _____

B 7 Arbeitstechniken und Strategien | Recht und Gerechtigkeit | Aufgabentyp 4a

8. Beantworte die folgenden W-Fragen:
   a) Wer sind die Hauptpersonen der erzählten Handlung?
   _____
   _____
   _____

   b) Wo spielt die Handlung?
   _____
   _____

   c) Wann spielt die Handlung?
   _____

   d) Was geschieht?
   _____
   _____

   e) Wie kommt es zu diesem Problem?
   _____
   _____

   TIPP zu 8.
   Stelle W-Fragen an den Text und beantworte sie in Stichworten. Dadurch gewinnst du schnell einen Überblick über die Handlung und du kannst gleichzeitig Stichwörter für die Inhaltszusammenfassung sammeln.

9. Untersuche, in welche Sinnabschnitte sich der Text unterteilen lässt. Fasse den Inhalt jeweils in einem Satz zusammen.

   1. Sinnabschnitt Z. 1–16: Peter trifft nach drei Jahren Haft seinen Freund Jean.
   2. Sinnabschnitt Z. 17–...
   _____
   _____
   _____
   _____
   _____
   _____

   TIPP zu 9.
   Sinnabschnitte sind zusammengehörende Teile einer Handlung oder einer Gedankenführung.
   Ein Sinnabschnitt kann daher mehrere Textabschnitte umfassen.

10. Lies noch einmal die Aufgabenstellung ❶ c) und d).
    Beantworte zur Vorbereitung deines Textes die folgenden Fragen stichwortartig:
    a) Wie verhält sich Jean gegenüber Peter im Verlauf der Handlung? Was denkt er vermutlich?
    Übertrage dazu die Tabelle von Seite 51 auf ein Extrablatt und ergänze sie.

    TIPP zu 10.
    Oft hilft es dir, wenn du die Handlung mithilfe einer Skizze oder eines Schemas verdeutlichst.

Was Jean sagt und tut …	Was Jean vermutlich denkt …
„Bist du schon wieder …" (Z. 11/12)	Er ist fast erschrocken und vermeidet das Wort „Gefängnis", um Peter nicht zu verletzen.
Er bietet Peter einen Kaffee an. (Z. 18/19)	Er geht nicht auf Peters Bemerkung ein, um das Thema zu vermeiden.
„Kellner wissen alles. Mach dir nichts daraus." (Z. 27/28)	Er versucht, Peters Empfindlichkeit zu zerstreuen.
…	…

b) Wie stellt die Autorin Peters Unsicherheit und Angst sprachlich dar?

- Peters Hand zittert leicht … (Z. 1)
- … meint Peter leise. (Z. 15/16)

_____
_____

c) Warum ist Peter unsicher?

_____
_____

d) Stelle Vermutungen darüber an, was passiert sein könnte und wie die beiden Freunde damit umgehen. Zitiere Textstellen zur Begründung.

- Jean scheint erschrocken zu sein („Bist du schon wieder …", Z. 11/12)
- Peter hat offenbar eine dreijährige Strafe abgesessen („Drei Jahre sind genug", Z. 15)

_____
_____

INFO

Die Absicht und die Wirkung eines Textes auf die Leser werden durch sprachliche Mittel (→ Glossar) erreicht:
- Satzbau / Satzanfänge,
- Wiederholungen,
- sprachliche Bilder,
- ironische Wendungen,
- doppeldeutige Begriffe,
- wörtliche Rede,
- Wortwahl,
- Übertreibungen …

e) In Z. 39 heißt es: „*Dafür hat man gesorgt.*" Welche Wirkung geht von diesem allgemeinen Personalpronomen aus? (Du kannst einen Namen einsetzen und vergleichen.)

_____
_____

f) Warum glaubt Peter, dass andere (z.B. Frau Ruegg, Jean) ihm gegenüber Ausreden benutzen?

_____

g) Was ist vermutlich in Jean vorgegangen, als er sich an der Tür *entschlossen* umdreht (Z. 79) und Peter den Schlüssel für seine Wohnung gibt?

_____

11. Deute die Geschichte, indem du die Überschrift erklärst und die Textaussage erläuterst. Beantworte dazu die folgenden Fragen:
    a) Warum benennt Peter das Geschehen nicht konkret, sondern nur mit dem unpersönlichen „es"?
    _____
    _____
    _____
    _____

    b) Wie verhält sich Peter und warum?
    _____
    _____
    _____
    _____

    c) Wie würdest du dieses Wiedersehen beschreiben?
    _____
    _____
    _____

> **INFO zu 11. und 12.**
>
> Ein erzählender Text weist häufig auf ein bestimmtes zwischenmenschliches oder gesellschaftliches Problem (Konflikt) hin. Diese Textaussage herauszuarbeiten, ist Aufgabe deiner Deutung. Ein/e Autor/in verfolgt mit einem Text verschiedene Absichten. Er/Sie will:
> - informieren,
> - unterhalten,
> - kommentieren,
> - appellieren,
> - kritisieren,
> - belehren.
>
> Mehrere Absichten sind möglich.

12. Erläutere in wenigen Sätzen, was die Autorin mit der Kurzgeschichte verdeutlichen will.

    Die Autorin möchte mit dieser Kurzgeschichte deutlich machen, wie problematisch ein

    Wiedersehen ...
    _____
    _____
    _____

13. Lies die Aufgabe ❷ und beantworte als Vorbereitung für deinen Text die folgenden Fragen:
    a) Was hat Peters Meinung nach die Absage von Frau Ruegg mit „der wirklichen Strafe" zu tun?
    _____
    _____
    _____

    b) Wie ist deine Meinung dazu und welche Begründung hast du dafür?
    ☐ Ich stimme zu.
    ☐ Ich stimme nicht zu.
    _____
    _____
    _____

> **TIPP zu 13.**
>
> In einer Stellungnahme wird von dir erwartet, dass du deinen Standpunkt klar und eindeutig darstellst, aber auch durch nachvollziehbare Gründe und mit anschaulichen Beispielen erläuterst. Dabei soll deine persönliche Position deutlich werden.

B 7 Arbeitstechniken und Strategien | Recht und Gerechtigkeit | Aufgabentyp 4a | 53

Vierter Schritt: Schreibplan anlegen

TIPP zum vierten Schritt

Deine Schreibaufgabe besteht darin, in einem Text alle Aufgaben zusammenhängend zu bearbeiten.
Nutze die Aufgabenstellungen und deren Unterpunkte für deine Gliederung.
Lege in einem Schreibplan die Gliederung deines Textes fest. Alle Notizen sollen in den Text einfließen.

Einleitung
Vorstellung des Textes (Titel, Autorin, Quelle, Textsorte, Thema des Textes)
→ Aufgabenstellung ❶ a)
Die Einleitung beschränkt sich in der Regel auf 2 bis 3 Sätze.

Hauptteil
– Inhaltszusammenfassung
  → Aufgabenstellung ❶ b)
– Untersuchung des Textes (Inhalt, Form, Sprache)
  → Aufgabenstellung ❶ c) und d)
– Wirkung und Absicht des Textes (Deutung)
  → Aufgabenstellung ❶ e)
Beschränke die Deutung nicht nur auf die Situation und das Verhältnis zwischen Peter und Jean, sondern überlege auch, ob es um verschiedene Formen von Strafe geht.

Schluss
Stellungnahme (Beachte die genaue Formulierung der Aufgabe ❷.)

14. Lege dir in Stichworten einen Schreibplan an.

___

Schreibplan

Einleitung: In der Kurzgeschichte „Das Wiedersehen" von Gertrud Schneller geht es …

Hauptteil:
- Inhaltszusammenfassung: Die Autorin beschreibt das Wiedersehen von Jean und Peter, der …

- Bedeutung der Überschrift „Das Wiedersehen"
- Wirkung und Absicht der Autorin

Schluss:
Erläuterung des Zitats mit Stellungnahme und Begründung

Fünfter Schritt: Eigenen Text schreiben

> **TIPP** zum fünften Schritt
>
> 1. Schreibe deinen Text auf DIN-A4-Papier. Lasse an der Seite und unten einen breiten Rand, damit du für die Überarbeitung Platz hast.
> 2. Schreibe im Präsens.
> 3. Belege deine Aussagen mit Textstellen. Kennzeichne Zitate durch Anführungsstriche und Zeilenangaben in Klammern, z. B. „Aus Pietätsgründen, wie …" (Z. 13).
> 4. Damit dein Text zusammenhängend wirkt, verknüpfe deine Sätze durch Wörter wie: *anschließend, darüber hinaus, weiterhin, schließlich, zusammenfassend, obwohl, dennoch, aber, weil, allerdings, dann, daraufhin, trotzdem, sowohl als auch, weder … noch.*

15. Beginne auf einem gesonderten Blatt mit der <u>Einleitung</u>.

    In der Kurzgeschichte „Das Wiedersehen" von Gertrud Schneller thematisiert die Autorin die Schwierigkeiten von Straftätern nach ihrer Haftentlassung …

16. Beginne nach einem Absatz den <u>Hauptteil</u> mit einer Inhaltszusammenfassung.

    Aufgeregt betritt Peter ein Café, um seinen ehemaligen Freund Jean zu treffen. Der sitzt tatsächlich wie früher hinten in der Ecke und ist fast erschreckt, als er Peter sieht. Er fragt, ob Peter schon wieder. …

17. Für deine <u>Stellungnahme</u> im Schluss kannst du folgende Formulierungen verwenden:

    Das Zitat drückt aus …

    Ich stimme der Aussage von …

    Meiner Ansicht nach ist es verständlich, dass Peter empfindlich auf seine Mitmenschen reagiert und genau beobachtet, wie sie sich ihm gegenüber verhalten.

Sechster Schritt: Text überarbeiten

18. Überarbeite deinen Text. Verwende dazu die Checkliste.

> **CHECKLISTE** zur Überarbeitung von Texten
>
> 1. **Den Text inhaltlich überprüfen**
>   - Hast du in deinem Text alle Unterpunkte der Aufgabenstellung berücksichtigt?
>   - Stimmt dein Text mit deinen Vorüberlegungen bzw. deinen Schreibzielen überein?
>   - Hast du deinen Text in sinnvolle Absätze gegliedert?
>   - Wo willst du etwas ergänzen oder streichen?
>   - Hast du deine Aussagen am Text belegt?
> 2. **Den Text sprachlich überarbeiten**
>   - Hast du das Präsens verwendet und wörtliche Rede im Konjunktiv wiedergegeben?
>   - Hast du störende Wiederholungen vermieden und verschiedene Satzanfänge gewählt?
>   - Sind deine Sätze vollständig?
>   - Hast du Satzgefüge verwendet? An welchen Stellen kannst du Sätze verbinden?
>   - Gibt es zu lange Sätze, die du auflösen solltest?
> 3. **Text auf Rechtschreibung und Zeichensetzung überprüfen**
>   - Entdeckst du Flüchtigkeitsfehler (z. B. unvollständige Wörter, falsche Groß- und Kleinschreibung)?
>   - Musst du Wörter nachschlagen?
>   - Stimmt die Zeichensetzung (Punkte, Fragezeichen, Kommas, Anführungsstriche)?

B 8 Schreibaufgabe zu einem Gedicht in sechs Schritten bearbeiten

Auf den folgenden Seiten werden die wichtigsten Arbeitsschritte für das Lesen und Erschließen eines Gedichtes und die Schritte für die Bearbeitung der Aufgaben dargestellt. Auf der nächsten Seite findest du das Gedicht, mit dem du diese Schritte üben kannst. Auch in den Prüfungaufgaben zum angeleiteten Üben in den folgenden Kapiteln dieses Arbeitsheftes wird auf diese grundlegenden Seiten verwiesen.

Erster Schritt: Sich orientieren

1. Lies die Aufgabenstellung in der Prüfungsvorlage rechts „mit dem Stift".

2. Gib mit eigenen Worten wieder, was du tun sollst. Beachte auch die Reihenfolge der einzelnen Schritte.

   _____
   _____
   _____

> **TIPP** zum ersten Schritt
>
> Lies die Aufgabenstellungen. Unterstreiche alle wichtigen Hinweise auf das, was du tun sollst (Verben, Schlüsselwörter). Du erhältst oft schon Anhaltspunkte, worauf du beim Lesen des Gedichts achten musst.

3. Notiere stichpunktartig, was dir zu dem Titel „Eines Tages" einfällt: Um welches Thema geht es? Wovon könnte das Gedicht handeln?

   _____
   _____

Zweiter Schritt: Text lesen und Inhalt erfassen

4. Lies das Gedicht einmal. Kennzeichne durch Unterstreichungen und Randbemerkungen Besonderheiten, die dir auffallen.

5. Lies das Gedicht erneut. Worum geht es in diesem Gedicht? Formuliere in zwei, drei Sätzen deinen ersten Eindruck.

   _____
   _____
   _____
   _____

> **TIPP** zum zweiten Schritt
>
> 1. Unterstreiche alle unbekannten Begriffe und kläre sie mithilfe eines Wörterbuches oder aus dem Sinnzusammenhang.
> 2. Kennzeichne mit Markierungen und Symbolen (! ?) Textstellen, welche für das Verständnis des Gedichts wichtig sind oder die dir noch nicht klar sind. Verweise kannst du mit Pfeilen (→) verdeutlichen.
> 3. Wenn du den Inhalt wiedergeben sollst, fasse wenn möglich Strophe für Strophe zusammen.

6. Schau dir die einzelnen Strophen an und umschreibe den Inhalt mit eigenen Worten.

   <u>Die Autorin des Gedichts stellt eine Zukunftsvision</u>

   <u>von der „schönen neuen Welt" dar, in der zwar alles von Technik bestimmt ist, doch …</u>

   _____
   _____

Mensch und Natur
Teil II

Lies bitte zunächst den Text, bevor du dich der Bearbeitung der Aufgabenstellung zuwendest. Schreibe einen zusammenhängenden Text.

❶ Analysiere das Gedicht „Eines Tages" von Ilona Bodden. Gehe dabei so vor:
   a) **Schreibe** eine Einleitung, in der du Titel, Autorin, Textart und Thema **benennst**.
   b) **Fasse** den Inhalt des Gedichts in eigenen Worten **zusammen**.
   c) **Beschreibe**, wie die Wirklichkeit im Text dargestellt wird.
   d) **Erkläre** mithilfe der äußeren Form und der Sprache, warum die Wirklichkeit auf diese Weise dargestellt wird.

❷ Nimm auf der Basis deiner Analyse und deines Wissens zur Entwicklung der Umwelt **Stellung** dazu, ob eine solche Zukunftsvision deiner Ansicht nach realistisch erscheint.

Eines Tages
Ilona Bodden (o. J.)

Eines Tages,
wird der Vater seinen Sohn bei der Hand nehmen.
Er wird mit ihm
durch die glasüberdeckten Straßen gehen,
5 an Schaufenstern stehen bleibend
mit mechanischem Spielzeug
wird er vielleicht
die Schnellbahn benutzen
und unter den Rhythmen von Elektronik-Musik
10 in einem kleinen Café
künstliche Nahrungsmittel genießen,
regenbogenfarbenen Schaum
irgendwelcher Substanzen.
Und er wird,
15 durch fremde Gifte in seinem Blut seltsam angeregt,
mit seinem Sohn das Café verlassen
und durch die staubfreien, glasüberdeckten Straßen
davongehen
bis zu einem Gebäude,
20 aus dessen Drehtür
der Atem der Jahrtausende weht.
Und er wird dort umhergehen,
seinem Sohn dies und jenes weisend,
und endlich
25 unter einem Glassturz (Berühren verboten)
zeigen:
Sieh mal! Ein Baum ...

aus: Praxis Deutsch, Heft 99, Braunschweig 1990, S. 31

Dritter Schritt: Text untersuchen und auswerten

INFO zum dritten Schritt

Um ein Gedicht analysieren und interpretieren zu können, musst du als Vorarbeit die **formalen und sprachlichen Elemente** erschließen. Du benötigst sie, um die **Wirkung und Deutung** des Gedichts zu erklären. Manchmal musst du auch den **Entstehungshintergrund** und den **Schreibstil** der Autoren bedenken, denn diese Informationen können für das Verständnis von Bedeutung sein.
Inhaltlicher Aufbau: Überschrift, Thema / Motive, Atmosphäre, Handlung, lyrisches Ich, Gefühle, Gedanken

Formaler Aufbau: Gedichtform, Strophenaufbau, Verse, Reimschema, Metrum
Sprachliche Gestaltung: Schlüsselwörter, Wortwahl, Sprachmittel (Metapher, Personifikation, Vergleich, Alliteration, Wiederholung …), Satzbau, Interpunktion, Rechtschreibung
Entstehungshintergrund / Schreibstil: zeitgeschichtliche Ereignisse, Biografie des Autors / der Autorin, Art zu schreiben: traditionell, nicht traditionell – diese Informationen können ebenfalls zum Verständnis beitragen.

7. Den inhaltlichen Aufbau hast du schon festgestellt (siehe Aufgabe 6).
   Untersuche das Gedicht von Bodden nun genauer. Notiere deine Beobachtungen zu folgenden Aspekten am Rand auf Seite 56:
   • formaler Aufbau des Gedichts,
   • sprachliche Gestaltung,
   • Wirkung dieser formalen und sprachlichen Besonderheiten des Textes.

8. Vergleiche die folgenden Anmerkungen zu den ersten sechs Versen des Gedichts mit deinen eigenen. Überlege, welche Aspekte du in deiner eigenen Vorarbeit ergänzen willst.

TIPP zum dritten Schritt

1. Wenn dir Fachbegriffe unklar sind, schlage im Glossar unter dem Stichwort *Lyrik* nach.
2. Notiere deine Ergebnisse am Rand.
3. Arbeite mit bunten Farben, um den Überblick (z. B. Erkennen von Wiederholungen) zu behalten.
4. Markiere passende Zitate, mit denen du später deine Ergebnisse stützen und veranschaulichen kannst.

Eines Tages, → irgendwann in naher Zukunft = Zukunftsvision / Wiederholung der Überschrift, wie ein Märchen

<u>wird</u> der Vater seinen Sohn bei der Hand <u>nehmen</u>. → Verb im Futur / zwei Generationen; Alltagsszene

Er <u>wird</u> mit ihm → Zeilensprünge verbinden Verse – wie erzählender Text

durch die glasüberdeckten Straßen <u>gehen</u>, → keine Natur; Umwelt wirkt abgeschottet durch Glas; hygienisch rein

an Schaufenstern stehen bleibend → Welt hinter Glas zum Anschauen und Bewundern
mit mechanischem Spielzeug → nichts Natürliches, vergleichbar mit Robotern
…

→ eine Strophe / 27 Verse / kein Reimschema

→ wie Erzählung; Inhalt wichtiger als Form; dreimal ähnliche Satzanfänge = drei Teile: V. 1 – V. 13 / V. 14 – V. 21 / V. 22 – V. 27

9. Werte deine Ergebnisse schrittweise aus. Diese ersten Ausformulierungen helfen dir später beim Verfassen deines Textes. Lies dazu die im Infokasten beschriebene Schrittfolge. Wenn der Platz nicht reicht, schreibe auf einem Extrablatt weiter. 📝

> **INFO zu 9.**
>
> Arbeitsschritte für die Auswertung der Ergebnisse
> a) Stelle das Gedicht vor (Autor/in, Titel, Erscheinungsjahr/Epoche, Thema).
> b) Stelle die durch das Gedicht vermittelte Stimmung dar. So wird gleichzeitig dein erster Eindruck deutlich.
> c) Stelle deine Eindrücke zur Deutung des Gedichts dar.
> d) Wende dich nun der Form (Strophe, Vers, Reim) zu und kläre, inwiefern die gewählte Struktur die Deutung stützt.
> e) Stelle dar, wie sich deine Deutung durch die Sprache des Gedichts (Satzbau, Wortwahl, sprachliche Mittel) bestätigen lässt.
> f) Überlege, aus welcher Perspektive der Sprecher (lyrisches Ich, „er/sie"-Figur) die Situation darstellt.
> g) Beziehe Absicht und Wirkung in deine Deutung ein.

a) Stelle das Gedicht jemandem vor, der es nicht kennt.

Das Gedicht „Eines Tages" wurde von Ilona
Bodden veröffentlicht. Es thematisiert ...
_____
_____

b) Welche Stimmung und welche Gefühle erzeugt das Gedicht?

Nach dem ersten Lesen hat man als Leser
_den Eindruck, dass ..._____
_____
_____
_____

c) Worum geht es der Autorin vermutlich in diesem Gedicht? Welche Gefühle kommen im Gedicht zum Ausdruck?

_Bodden will darauf hinweisen, dass ..._____
_____

d) Inwieweit trägt die Form des Gedichtes (Strophen, Versanzahl und ihre Anordnung, Reimschema) zur Verstärkung des Verständnisses bei? Erkläre, warum Bodden diese Aufteilung gewählt hat (vgl. dazu auch den Info-Text auf S. 57).

> **TIPP zu 9 d)**
>
> 1. Bei moderneren Gedichten ist die Form oftmals nicht regelmäßig.
> 2. Beschreibe die Elemente der Form, die dieses Gedicht so besonders machen, denn sie beeinflussen die Aussage.

In ihrem Gedicht hat Ilona Bodden ganz bewusst auf
traditionelle Gedichtformen verzichtet, denn das
Gedicht besteht lediglich aus einer Strophe mit
_27 Versen. Ein Reimschema ..._____
_____
_____

e) Welche sprachlichen Mittel (Metaphern, Vergleiche) verwendet Bodden, um die Situation der Menschen und ihre Gefühle zu veranschaulichen?

Gleich zu Beginn im ersten Vers leitet die Autorin mit einer Wiederholung der Überschrift („Eines Tages", V. 1) das Gedicht ein. So entsteht der Eindruck, als wolle sie eine Zukunftsvision entwerfen, von der sie sehr sicher ist, dass sie eintreten wird. Gleichzeitig wirkt dieser Anfang wie der Beginn einer Erzählung. Dieser Eindruck wird von der Form des Gedichts gestützt, denn …

Die verwendete Anapher („Und …", V. 14, 22) zeigt eine inhaltliche Struktur auf. Dadurch lässt sich das Gedicht in drei Abschnitte teilen, die eine Entwicklung angeben, da …

Auffällig ist die Metapher: „… aus dessen Drehtür der Atem der Jahrtausende weht." (VV. 20/21). Die „Drehtür" steht für den Wandel, für die Veränderungen im Alltag der Menschen. Der Ausdruck „Atem der Jahrtausendwende" …

f) Aus welcher Perspektive wurde das Gedicht verfasst? Begründe, warum die Autorin diese Darstellungsweise gewählt hat?

Die Autorin stellt zwei Rollenfiguren dar: Vater und Sohn (V. 2). Da sie keine konkreten Namen verwendet und auch keinen Ort vorgibt …

g) Erläutere, mit welcher Absicht der Text geschrieben wurde und wie die Autorin diese Wirkung bei den Lesern erreicht.

Durch die Darstellung dieser technischen Alltagswelt der Zukunft möchte Ilona Bodden darauf aufmerksam machen, dass …

> **TIPP zu 10.**
>
> In einer Stellungnahme wird von dir erwartet, dass du deinen Standpunkt klar und eindeutig darstellst. Du solltest nachvollziehbare Gründe und anschauliche Beispiele aus deinem persönlichen Umfeld anführen.

10. Lies noch einmal die Aufgabenstellung ❷. Sammle in Stichworten Gedanken und ordne anschließend die Reihenfolge deiner Argumente.

Vierter Schritt: Schreibplan anlegen

> **TIPP** zum vierten Schritt
>
> Deine Schreibaufgabe besteht darin, in einem Text alle Aufgaben zu bearbeiten.
> Nutze die Aufgabenstellung und deren Unterpunkte für deine Gliederung.
> Verwende deine erarbeiteten Vorlagen.
> In der **Einleitung** stellst du den Text vor, machst Angaben zu Titel, Autor/in, Textart, Erscheinungsjahr und Thema. Außerdem stellst du Vermutungen zur Deutung an. Dadurch ist die Aufgabenstellung ❶ a) (siehe Seite 56) bearbeitet.
> Im **Hauptteil** wendest du dich den Aufgabenstellungen ❶ b), c) und d) zu. Du fasst den Inhalt des Gedichts zusammen. Dann beschreibst du, wie die Wirklichkeit im Text dargestellt wird, und erklärst mithilfe deiner Untersuchungsergebnisse zur äußeren Form und der Sprache, warum die Autorin die Wirklichkeit so darstellt. Diese Erklärung und Deutung unterstützt du durch Zitate und Belege.
> Am **Schluss** fasst du noch einmal zusammen, wie du den Text verstanden hast. Mit einer Stellungnahme beschließt du diesen Teil.
> Achte dazu auf die genaue Formulierung der letzten Aufgabe.

11. In einem Schreibplan legst du die Abfolge deiner Gedanken in Stichpunkten fest. Stelle diese Gliederung für deinen Text zusammen. Sie sichert ab, dass du deine Beobachtungen und Ergebnisse zusammenhängend und strukturiert darstellst.

Schreibplan

Einleitung:

– modernes Gedicht „Eines Tages" von Ilona Bodden

– veröffentlicht 1990 in „Praxis Deutsch"

– Thema: Zukunftsvision einer „schönen neuen Welt", in der zwar alles von Technik bestimmt ist, doch …

Hauptteil:

– Vater und Sohn, zwei Generationen, wandern durch die Straßen ihrer Stadt

– Alltag ist hoch technisiert, hygienisch rein, wirkt strukturiert, aber: …

Schluss:

B 8 Arbeitstechniken und Strategien | Mensch und Natur | Aufgabentyp 4a | 61

Fünfter Schritt: Eigenen Text schreiben

TIPP zum fünften Schritt

1. Schreibe deinen Text. Lasse an der Seite und unten einen breiten Rand, damit du Platz für die Überarbeitung und Ergänzungen hast.
2. Schreibe beim Ausformulieren deines Textes so, als würden deine Leser das dir vorliegende Gedicht nicht kennen. So kannst du sicher sein, dass du genau und detailliert arbeitest.
3. Schreibe im Präsens.
4. Bringe die Ergebnisse deiner Vorarbeit in einen schlüssigen und zusammenhängenden Gedankengang. Dazu fasst du ähnliche Beobachtungen zusammen und beschreibst ihre Wirkung, damit deine Leser verstehen, warum die Autorin/der Autor bestimmte inhaltliche, sprachliche und formale Merkmale ausgewählt hat.
5. Verwende Zitate, wenn du etwas Typisches oder Bemerkenswertes herausstellen oder wenn du Aussagen belegen willst. Kennzeichne Zitate durch Anführungszeichen und Zeilenangaben in Klammern: „… *der Atem der Jahrtausende weht.*" (V. 21).
6. Verwende die richtigen Fachbegriffe, denn mit ihnen kannst du präzise formulieren und den Lesern lange Umschreibungen ersparen.
7. Deine Analyse wird daran gemessen, ob du dich kritisch mit dem Text auseinandergesetzt hast. Du kannst also am Schluss auch Darstellungen der Autorin/des Autors infrage stellen oder kommentieren.
8. Damit dein Text zusammenhängend wirkt, verwende passende Satzverknüpfungswörter.

12. Fasse deine Analyseergebnisse zum Gedicht „Eines Tages" von Ilona Bodden in einem geschlossenen Text auf einem Extrablatt zusammen. ✏️
    Orientiere dich dazu an deinem Schreibplan. Beginne mit der Einleitung.
    Bereits an dieser Stelle kannst du auf den ersten Unterpunkt der Aufgabenstellung ❶ a) eingehen.

    Das Gedicht „Eines Tages" von Ilona Bodden wurde in der Zeitschrift „Praxis Deutsch" 1990 veröffentlicht. Die Autorin stellt darin ihre Zukunftsvision von einer „schönen neuen Welt" vor, in der zwar alles technisch orientiert ist, doch …

13. Schließe nach einem Absatz deinen Hauptteil an.

    Der Text stellt eine Situation dar, in der Vater und Sohn gemeinsam durch die Straßen ihrer Stadt wandern. Anhand der Beschreibung ihrer Handlungen und der Dinge, die sie sehen und die ihnen begegnen, entsteht der Eindruck, dass ihr Alltag …
    Zusammenfassend lässt sich feststellen, dass …

14. Im Schlussteil beziehst du Stellung zu der Formulierung in der zweiten Aufgabe (siehe Seite 56). Der Anfang der Stellungnahme könnte so lauten:

    Die dargestellte Vision vom Alltag in der Zukunft erscheint mir durchaus realistisch. Wir leben in einer Zeit, die von Umweltproblemen und von den Auswirkungen des Klimawandels geprägt ist. Immer häufiger werden wir mit Flutkatastrophen und zerstörerischen Wetterphänomenen konfrontiert. Daher …

Sechster Schritt: Text überarbeiten

15. Überarbeite deinen Text. Verwende dazu die Checkliste.

CHECKLISTE zur Überarbeitung einer Gedichtanalyse

1. Den Text inhaltlich überprüfen (Inhaltsleistung)
- Hast du in deinem Aufsatz alle Unterpunkte der Schreibaufgabe berücksichtigt?
- Hast du den Text sinnvoll gegliedert? Ist er durch Absätze überschaubar gestaltet?
- Ist für die Leser erkennbar und nachvollziehbar, wie und warum du etwas so empfunden und verstanden hast?
- Wird klar, welche Bedeutung Form und Sprache des Textes für die Aussageabsicht haben?
- Hast du unterschiedliche Beobachtungen miteinander verknüpft und Zusammenhänge hergestellt?
- Nennst du Begründungen zu deinen Schlussfolgerungen oder Sichtweisen?
- Hast du deine Beobachtungen und Schlussfolgerungen durch Zitate und Belege untermauert?

2. Den Text sprachlich überarbeiten (Darstellungsleistung)
- Hast du unnötige Wiederholungen vermieden?
- Fallen dir beim Lesen unklare Formulierungen auf?
- Sind deine Sätze vollständig?
- Wo kannst du komplizierte Sätze vereinfachen?
- Hast du Zusammenhänge durch sinnvolle Satzverknüpfungen verdeutlicht?
- Überprüfe auch Rechtschreibung, Zeichensetzung und Grammatik, denn sie fließen in die Bewertung ein und können den Lesefluss beeinträchtigen. Kontrolliere deinen Text mehrfach und berücksichtige deine eigenen Fehlerschwerpunkte.

B 9 Arbeitstechniken und Strategien | Stereotype – Vorurteile | Aufgabentyp 4b | 63

B 9 Schreibaufgabe zu Sachtext und Schaubild in sechs Schritten bearbeiten

Auf den Seiten 26/27 hast du die Arbeitstechnik, wie man Schaubilder auswertet, wiederholt. Im Folgenden lernst du eine Schreibaufgabe zu bearbeiten, die mehrere Texte enthält, darunter auch ein Schaubild.

Erster Schritt: Sich orientieren

1. Lies die Aufgabenstellung in der Prüfungsvorlage rechts.
2. Gib mit eigenen Worten wieder, was du tun sollst.

   _____

   _____

   _____

   _____

3. Sieh dir die Materialien an und notiere stichwortartig, worum es in ihnen geht.

   Material 1: Einstellungen und Meinungen junger

   Menschen gegenüber älteren

   _____

   _____

   Material 2: _____

   _____

   _____

> **TIPP** zum ersten Schritt
>
> Verschaffe dir eine erste Orientierung:
> 1. Was verlangen die Aufgaben von dir?
>   Unterstreiche alle wichtigen Hinweise für das, was du tun sollst. Du erhältst oft schon Anhaltspunkte, auf was du beim Lesen der Texte achten musst.
> 2. Worum geht es in den Texten?
>   Was verraten dir die Überschriften?

Zweiter Schritt: Inhalt der Materialien erfassen und stichpunktartig aufschreiben

> **TIPP** zum zweiten Schritt
>
> 1. Unterstreiche alle unbekannten Begriffe und kläre sie mit Hilfe eines Wörterbuchs oder aus dem Textzusammenhang.
> 2. Kennzeichne mit Symbolen (! ? + -) Textstellen, die dir besonders wichtig erscheinen oder die du noch klären willst.

4. Unterstreiche in jedem Text unbekannte Wörter und kläre sie.
5. Schreibe die wichtigen Aussagen aus den beiden Materialien auf.

   Material 1: Jugendliche erleben ältere Menschen in unterschiedlichen Situationen und

   Rollen ...

   _____

   _____

   _____

Teil II

1 **Untersuche** die Materialien M 1 und M 2.
Gehe dabei so vor:
a) **Benenne** das gemeinsame Thema von M 1 und M 2.
b) **Fasse** die Informationen aus M 1 **zusammen**.
c) **Stelle dar**, in welchen Tätigkeitsbereichen die „jungen Alten" überwiegend aktiv sind (M 2). Berücksichtige dabei auch das Geschlecht.
d) **Vergleiche** M 1 und M 2 und **erläutere**, was Jugendliche an der älteren Generation schätzen und welche Problemfelder sich ergeben.

2 Im Text heißt es: „Diese anspruchsvollen Alten passen nicht ins Bild lieber Großeltern." (Z. 59 f.).
Nimm Stellung zu dieser Aussage und **begründe** deine Meinung.
Schreibe einen zusammenhängenden Text.

M 1

Wie erleben junge Menschen die ältere Generation?

Die Lebenswirklichkeit Jugendlicher ist mit der alten Generation auf vielfältige Weise verbunden, in erster Linie natürlich mit den Großeltern, die oft großzügige Unterstützung gewähren. Daneben gibt es die Pflegebedürftigen, die in der eigenen Familie für Konflikte sorgen können. Ältere können auch
5 Patienten oder Kunden sein oder werden als Kollegen mit ihrem fundierten Ratschlag geschätzt. In Vereinen, Parteien und anderen Organisationen arbeiten Jung und Alt gemeinsam miteinander und respektieren sich. Welches Bild von der alten Generation entsteht daraus bei jungen Menschen?
Nahezu einmütig unterscheiden die jungen Leute zwischen zwei Gruppen von
10 Alten: den „jungen Alten" (die etwa 60-Jährigen) und den „alten Alten"(die etwa 90-Jährigen). Diese zweite Gruppe entspricht eher dem Bild, das sich junge Menschen von der Großelterngeneration machen. Geschätzt wird der Erfahrungshintergrund dieser Generation. Die alten Menschen können als Zeitzeugen Geschichten erzählen und Jüngeren Geschichte nahebrin-
15 gen. Vor allem die Kriegserfahrungen üben eine besondere Faszination auf Jugendliche aus. Überhaupt werden die Hochbetagten nicht oder selten negativ erlebt. Das Verhältnis zu den eigenen Großeltern schildern die meisten Jugendlichen als entspannt, vor allem, weil es „frei von Erziehung" ist. Opa und Oma verwöhnen die Enkelkinder und stecken ihnen mal ein
20 bisschen Geld zu oder kaufen Spielsachen.
Groß- und Urgroßeltern werden zumeist zwar respektiert, aber auch auf liebevolle Weise nicht ganz ernst genommen. Sehr oft sind alte Menschen jedoch Vorbilder für Jugendliche, insbesondere im Sozialverhalten. Jugendliche finden beeindruckend, dass ihre Großeltern zurückstecken können
25 und nach bestimmten Werten leben. Zum Bild hochbetagter Menschen gehören einerseits Gebrechlichkeit und Krankheiten wie andererseits auch „Rüstigkeit" und Unternehmungslust.
Jugendliche, die den „Geschichten" der Großeltern zuhören, wollen vom Rat der alten Menschen profitieren. Oft allerdings beharrt diese „Aufbau-
30 generation"[1] auf ihren alten Lösungen und erwartet von der Jugend, dass sie alles genauso macht wie sie. Die jungen Leute fordern stattdessen von

den Alten, sich endlich auf Neues einzustellen. Die Senioren sollen die Jüngeren „machen lassen" und auch von ihnen lernen. Vorsichtig äußern die Jugendlichen die Erwartung, die Alten mögen Respekt vor ihnen haben
35 und sollten toleranter sein. Die Ursache dafür sind stereotype[2] Vorwürfe der Alten, die Jugend sei faul und unhöflich, sowie ihre Kritik an jugendlichem Verhalten und Aussehen. Zum Teil verbirgt sich hinter der Erwartung von Respekt auch das Bedürfnis, die eigenen Leistungen von den Alten anerkannt zu sehen.
40 Die Jungen wünschen sich, dass sich die Aktivitäten der „jungen Alten" auf „altersgerechte" Handlungsbereiche beschränken und nicht in die Domäne der Jugend verlagern. Ein Beispiel ist das Seniorenstudium: Einerseits bewerten es junge Menschen durchaus positiv, dass Senioren Bildungsangebote wahrnehmen, um geistig „fit zu bleiben". Problematisch wird es aber, wenn
45 der Vorlesungssaal zur Hälfte mit Senioren besetzt ist. Die Studenten fühlen sich verdrängt, obwohl gerade sie ja auf eine angemessene Ausbildung angewiesen sind. Am Beispiel Seniorenstudium wird deutlich, wie sich die Situation zwischen den Generationen vor dem Hintergrund knapper Ressourcen verschärfen könnte.
50 Insgesamt zeigt sich ein gespaltenes Bild der Jugendlichen von der alten Generation. Es gibt die Hochbetagten, mit denen ein idealisiertes Bild der verwöhnenden, wenig autoritären Omas und Opas verbunden ist. Um ihre Großeltern kümmern sich die Jugendlichen gern, auf keinen Fall würden sie sie in ein Heim abschieben. Gesellschaftlich spielen diese Hochbetagten
55 jedoch keine wichtige Rolle mehr. Ihr Leben spielt sich außerhalb des jugendlichen Alltags ab.
Auf der anderen Seite stehen die „jungen Alten", die fit und aktiv das Leben genießen und offen für Neues sind. Dabei stellen diese „jungen Alten" auf einmal Ansprüche, wollen den Jungen sagen, wo es langgeht. Diese an-
60 spruchsvollen Alten passen nicht ins Bild lieber Großeltern. Sie lassen die Jungen eben nicht „machen", sondern üben noch Einfluss aus und mischen sich ein. In einer alternden Gesellschaft werden sich die Jugendlichen an diesen Zustand wohl gewöhnen müssen. Und die Alten könnten es ihnen mit Respekt und Toleranz erleichtern.

(aus: 15. Shell-Studie 2006, gekürzt und verändert)

[1] Aufbaugeneration – die Menschen, die Deutschland nach dem Zweiten Weltkrieg wieder aufgebaut haben
[2] stereotyp – feststehend, immer gleich

M 2

Junge Alte
Von je 100 Frauen und Männern in Deutschland ...

... engagieren sich ehrenamtlich
im Alter von | Frauen | Männer
40–54 Jahren | 23 | 22
55–69 Jahren | 18 | 23
70–85 Jahren | 5 | 15

... betreuen Enkelkinder oder andere Kinder
im Alter von | Frauen | Männer
40–54 Jahren | 17 | 9
55–69 Jahren | 27 | 21
70–85 Jahren | 17 | 15

... pflegen Ehepartner(in), Verwandte oder andere Personen in Privathaushalten
im Alter von | Frauen | Männer
40–54 Jahren | 16 | 8
55–69 Jahren | 15 | 9
70–85 Jahren | 10 | 7

Stand: 2002 (Quelle: DAZ Alterssurvey 2005)

Dritter Schritt: Material untersuchen und vergleichen

INFO zum dritten Schritt

Vergleichen heißt, Textaussagen, Problemstellungen, Sachverhalte aus verschiedenen Texten unter bestimmten Aspekten gegenüberzustellen mit dem Ziel, Gemeinsamkeiten, aber auch Abweichungen und Gegensätze zu ermitteln.

6. Lege eine Tabelle an, in der du die Kernaussagen notierst.

Material 1	Material 2

• Junge Menschen erleben alte Menschen in unterschiedlichen Rollen und Situationen.
• Dabei unterscheiden sie zwischen zwei Gruppen: …
	• Es werden 3 Tätigkeitsbereiche angegeben, in denen Menschen zwischen 40 und 85 Jahren tätig sind:
	  a) ehrenamtliches Engagement
	  b) Betreuung von Enkelkindern oder anderen Kindern
	  c) …
	• …

7. Notiere, in welchem Zusammenhang die beiden Materialien stehen.
   _____
   _____

8. Worin unterscheiden sich die Materialien? Berücksichtige Inhalt und Textart.
   _____
   _____
   _____

INFO zu 8.

Texte können sich unterscheiden bezüglich
• der Textsorte,
• des Aufbaus,
• der Sprache,
• der Aussage,
• der Wirkung.

9. Notiere Beispiele, in denen „junge Alte" sich einmischen und aktiv am gesellschaftlichen Geschehen teilnehmen.
   _____
   _____

10. Finde Beispiele im Text, welche Probleme sich für die Jugendlichen ergeben.
    _____
    _____

11. Beschreibe dein Bild von „lieben Großeltern".
    _____

B 9 Arbeitstechniken und Strategien | Stereotype - Vorurteile | Aufgabentyp 4b

12. Überlege und begründe, ob die Darstellung im Text mit deinen Vorstellungen von Großeltern übereinstimmt oder sich unterscheidet.

_____
_____
_____
_____
_____

TIPP zu 12.

In einer Stellungnahme wird von dir erwartet, dass du deinen Standpunkt klar und eindeutig darstellst und ihn durch nachvollziehbare Gründe und anschauliche Beispiele erläuterst. Gehe so vor:
1. Überlege, welche Gesichtspunkte aus den vorliegenden Texten du fortführen oder in Frage stellen willst. Beachte dabei die Aufgabenstellung.
2. Sammle stichwortartig Gründe und Beispiele für deinen Standpunkt. Sie können aus dem Unterricht oder aus eigenen Erfahrungen stammen.

Vierter Schritt: Schreibplan anlegen

13. Lege dir in Stichworten einen Schreibplan an.

Schreibplan

Einleitung:
_____
_____

Hauptteil:

- Gemeinsames Thema von M1 und M2: _____
_____
_____

- Wichtige Aussagen von M1: _____
_____
_____

- Wichtige Aussagen von M2: _____
_____
_____

-
_____

Schluss:

- Stellungnahme zu dem Zitat
_____
_____
_____

TIPP zum vierten Schritt

Deine Schreibaufgabe besteht darin, einen Text zu schreiben, in dem alle Aufgabenstellungen berücksichtigt werden. Nutze die Aufgabenstellungen und deren Unterpunkte für deine Gliederung.
Lege in einem Schreibplan die Gliederung deines Textes fest.

Einleitung:
In diesen Teil gehören Titel, Autor, Textart, Hauptpersonen und Thematik.
Hauptteil:
Stelle die wichtigsten Aussagen der Materialien dar und gib deine Arbeitsergebnisse wieder.
Schluss:
In diesem Teil nimmst du zu einer vorgegebenen Thematik Stellung. Achte dabei auf die genaue Formulierung der Aufgabe ❷.

Fünfter Schritt: Eigenen Text schreiben

TIPP zum fünften Schritt

1. Schreibe deinen Text auf DIN-A4-Papier. Lasse einen breiten Rand an der Seite und unten, damit du für die Überarbeitung Platz hast.
2. Verwende Zitate, wenn du damit etwas Typisches oder Bemerkenswertes herausstellen willst oder um eigene Aussagen zu belegen. Kennzeichne Zitate durch Anführungsstriche und Zeilenangaben in Klammern: *„Sehr oft sind alte Menschen Vorbilder für Jugendliche"* (Material 1, Z. 22–23).
3. Damit dein Text zusammenhängend wirkt, verknüpfe deine Sätze durch Wörter wie: *anschließend, darüber hinaus, weiterhin, schließlich, zusammenfassend, obwohl, dennoch, aber, weil, allerdings, dann, daraufhin, trotzdem, sowohl als auch, weder ... noch*

14. Beginne auf einem Extrablatt mit der Einleitung.

    In beiden Materialien geht es ...

15. Nach einem Absatz kannst du so mit dem Hauptteil beginnen:

    In Material 1 wird dargestellt, wie Jugendliche ältere Menschen erleben und beurteilen ...

16. Für deine Stellungnahme im Schluss kannst du folgende Formulierungen verwenden:

    einerseits ... andererseits, im Gegensatz zu, meiner Meinung nach, fest steht, dass..., ich denke, dass ..., denn, aus diesem Grund, hinzu kommt, dass ..., nicht zu vergessen ist, dass ..., vergleicht man beide Seiten ..., zusammenfassend lässt sich sagen, dass ..., das bedeutet ..., unbestritten ist, dass ...

Sechster Schritt: Text überarbeiten

17. Überarbeite deinen Text. Verwende dazu die Checkliste.

CHECKLISTE zur Überarbeitung von Texten

1. **Text inhaltlich überprüfen**
   - Hast du in deinem Text alle Unterpunkte der Aufgabenstellung berücksichtigt?
   - Stimmt dein Text mit deinen Vorüberlegungen bzw. deinen Schreibzielen überein?
   - Wo gliedern Absätze deinen Text besser?
   - Wo willst du etwas ergänzen oder streichen?
   - Hast du deine Aussagen am Text belegt?
2. **Text sprachlich überarbeiten**
   - Hast du das Präsens verwendet und wörtliche Rede im Konjunktiv wiedergegeben?
   - Hast du unnötige, störende Wiederholungen vermieden? Hast du verschiedene Satzanfänge gewählt?
   - Sind deine Sätze vollständig?
   - Hast du Satzgefüge verwendet? An welchen Stellen kannst du Sätze verbinden?
   - Gibt es zu lange Sätze, die du auflösen solltest?
3. **Text auf Rechtschreibung und Zeichensetzung überprüfen**
   - Entdeckst du Flüchtigkeitsfehler (unvollständige Wörter, falsche Groß- Kleinschreibung)?
   - Musst du Wörter nachschlagen?
   - Stimmt die Zeichensetzung?

C Prüfungsaufgaben zum Themenbereich „Mensch und Natur"

In diesem Kapitel kannst du zu dem Thema „Mensch und Natur" mehrere Prüfungsbeispiele bearbeiten. Notiere die benötigte Arbeitszeit (siehe Seite 6).

C 1 Leseverstehen: Der Mann ohne Müll (angeleitetes Üben)

Teil I
Lies den Text sorgfältig durch und bearbeite die Aufgaben ❶ – ⓫.

Der Mann ohne Müll

Seit Jahren haben Carl Rheinländer und seine Familie nichts mehr weggeworfen. Was bei ihnen anfällt, wird verwertet. Weil es ökologisch
5 konsequent ist. Und weil Carl Rheinländer die Welt verändern will.
Der Mann ohne Müll schlägt mit dem Hammer auf eine Glühbirne ein. Kein Splitter soll verloren gehen,
10 deshalb hat er das Glas in Papier gewickelt. Drei Hiebe treffen die Birne am Rand der Schraubfassung – klllk, klllk, knrrsk –, und über sein Gesicht huscht ein zufriedenes Lächeln.
15 Nun noch ein paar Schläge, um auch den von Drähten durchzogenen inneren Glaskolben zu sprengen und den Kleber abzuklopfen, der die Birne zusammenhielt. Schon kann er
20 die Teile mit der Handfläche zu drei Häufchen zusammenkehren. [...]
Nach rechts die Kupferdrähte, das mit Zinn verlötete Messing-Kontaktplättchen, die Schraubfassung aus
25 Aluminium – Buntmetall für den Schrotthändler. Die Scherben nach links – Flachglas für einen Handwerker vor Ort, der es wiederum zu einem Fensterhersteller bringt (weil
30 es nicht lebensmittelecht ist, darf es nicht in den Glascontainer). In der Mitte die mineralischen Kleberbrösel und der Glühfaden aus Wolfram, der an der Luft zu Staub zerfallen ist
35 – Füllmaterial für eigene Bauvorhaben. „Alles was in unserem Haushalt anfällt, wird verwertet. Bei uns gibt es keinen Müll", sagt Carl Rheinländer, 45, der Mann ohne Müll.
Allerdings glaubt die deutsche Justiz 40 nicht, dass so etwas möglich ist. Es sei ein „Erfahrungssatz", urteilte vorigen Herbst das Verwaltungsgericht Koblenz, dass „selbst bei größtmöglichem Bemühen um Abfallvermei- 45 dung das Entstehen von Beseitigungsabfällen jedenfalls in geringen Mengen nicht vollständig verhindert werden kann." Deshalb müsse Carl Rheinländer eine Restmülltonne auf 50 seinem Grundstück „dulden" und, wie jeder andere Hauseigentümer in unserer Wegwerfgesellschaft auch, Abfallgebühren zahlen. Doch wie geht der „Mann ohne Müll" mit 55 diesem Urteil um?
Der Müll-Rebell, der seit sieben Jahren in der Angelegenheit prozessiert, duldet die Tonne, seit er sich in einem gerichtlichen Vergleich dazu 60 verpflichtete. Aber Abfallgebühren zahlen mag er auf keinen Fall – nicht wegen der 181,56 Euro im Jahr (seine Gerichtskosten belaufen sich inzwischen auf mehr als das Zehnfache), 65 sondern aus Prinzip. „Unsere Wirtschaftsweise, unser gesamter Lebensstil basiert darauf, immer größere Mengen kostbarer Rohstoffe auszubeuten und in nutzlosen, oft sogar 70 hochgiftigen Müll zu verwandeln. Das schmälert auf unverantwortliche Weise die Lebenschancen kommender Generationen", sagt er. Die

Tonne, mit 120 Litern die kleinstmögliche im Landkreis Bad Kreuznach, hat Rheinländer vor Jahren demonstrativ an die Fassade seines Bauernhauses im Örtchen Heimweiler gehängt – kopfüber, damit klar ist: Hier kommt niemals Müll hinein.
Die Idee stammt von seiner Frau. „Wir waren schon immer konsumkritisch", sagt Annemarie Rheinländer, 43, kurze blonde Locken, schlank und energisch. […] Heute leben sie von ökologischer Bauberatung, Spezialgebiet Lehmtechnik und Bruchsteine, sowie der Herstellung von naturbelassenem Holzspielzeug, das sie auf Märkten verkaufen. […] Ihr Mobiliar ist alt – nicht im Sinne von antik, sondern von gebraucht und abgenutzt. Die Rheinländers würden es auch dann nicht anders wollen, wenn sie es sich leisten könnten. Für sie zählt nicht der schöne Schein, sondern Schadstofffreiheit und leichte Zerlegbarkeit in recycelbare Bestandteile. Spanplatten, Schaumstoffe, Kunstleder, Teppiche mit Kunstfasern, Kunstharzfarben, die meisten Reinigungsmittel und Kosmetika sowie sämtliche Produkte mit giftigen oder nicht wieder verwendbaren Inhaltsstoffen haben bei ihnen Hausverbot.
So zu leben finden ihre Kinder – Carl, 18, Philipp, 17, und Till, 11 – nicht uneingeschränkt klasse, räumt Annemarie Rheinländer ein. Zwar verstünden sie, „dass wir das alles für kommende Generationen tun – also auch für sie." Auch gelte Müllvermeidung zu Hause eher als tägliches Spiel und interessanter Denksport denn als lästige Pflicht. Allerdings hätten sie ziemlich darunter gelitten, in selbst gemachten, mittelalterlichen Bundschuhen und gebrauchten Klamotten aus der Kleiderkammer der Diakonie zur Schule gehen zu müssen.
Die Rheinländers sind in der Sache hart, aber nicht zu ihren Kindern. Die Bundschuhe wichen bald klassenkameradenkompatibleren Tretern, und in der Kleiderkammer sucht die Mutter nicht mehr nur ökologisch Wertvolles, sondern auch markenmäßig Angesagtes heraus. Die Sachen enthalten zwar oft Kunstfasern, doch wenn man sie nicht völlig abträgt, können sie nach einiger Zeit ja wieder zurück in die Kleidersammlung wandern. Das schont die Umwelt ebenfalls, und außerdem bleiben die Rheinländers weiter müllfrei. Auch beim Teddy aus Kunststoffplüsch, den die Tante aus München schenkte, wurde ein kinderfreundlicher Kompromiss gefunden: Till behält den Teddy – leihweise, bis der Elfjährige nicht mehr damit spielen mag. Dann nimmt die Tante ihn zurück.
So lebten die Rheinländers denn glücklich und zufrieden in ihrem Bauernhaus – ohne Restmülltonne, aber mit zwölf Sammelbehältern für unterschiedliche Wertstoffe, mit einem Komposthaufen für schnell verrottenden Bioabfall und einem weiteren für Reste, die sich nur langsam zersetzen. […]

aus: Greenpeace Magazin 3/2005, http://www.greenpeacemagazin.de/index.php?id=2995

Lösungshilfen zu ❶ – ⓫

1. Nicht gleich in die Aufgaben stürzen! Erschließe zuerst den Text wie in B 3:
    • Unterstreiche wichtige Schlüsselstellen.
    • Formuliere am Rand Überschriften oder Stichwörter zu den Sinnabschnitten.
      Du findest zu den Aufgaben dann schnell die Textstellen.

Aufgaben 1 – 11

> **TIPP zu 1**
>
> Suche zu jeder Aussage die passende Stelle im Text und unterstreiche sie. Überprüfe genau, ob die Textstelle mit der Aussage unten übereinstimmt bzw. worin sie sich unterscheidet (achte auf Wortwahl, Fragestellung, Schlüsselwörter).

1 Welche der folgenden Aussagen ist richtig? Beziehe dich dabei auf den Text. Kreuze die richtige Antwort an.

	trifft zu	trifft nicht zu
a) Familie Rheinländer verdient ihr Geld damit, Müll zu verwerten.	○	○
b) Das Verwaltungsgericht Koblenz zweifelt daran, dass Abfall komplett vermieden werden kann.	○	○
c) Carl Rheinländer klagt bereits seit 10 Jahren gegen die Zahlung von Abfallgebühren.	○	○
d) Carl Rheinländers Abfalltonne hängt falsch herum an der Hauswand.	○	○

2 Mit welcher Skizze würdest du das Ziel der Familie Rheinländer grafisch darstellen? Begründe deine Wahl.

> **TIPP zu 2**
>
> 1. Untersuche, welche Textaussagen (z. B. Namen, Zahlen …) mit der Skizze übereinstimmen. Notiere diese und füge sie als Beispiel an.
> 2. Wenn du keine Übereinstimmungen findest, erläutere, warum die Skizze nicht zu den Textaussagen passt.

a) [Müll durchgestrichen]

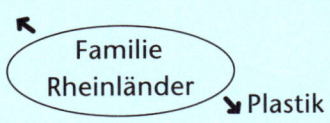

b) Kunststoffe ↖ (Familie Rheinländer) ↘ Plastik

Ich entscheide mich für Skizze _____.

Begründung:
_____
_____

3 Zu den Sinnabschnitten lassen sich die folgenden Zwischenüberschriften formulieren. Gib durch Zeilenangaben an, auf welche Abschnitte sich diese beziehen.

a) „Auch Müll-Fanatiker haben ein Herz für ihre Kinder."

Zeile _____

> **TIPP zu 3**
>
> Überprüfe anhand deiner Randnotizen, welche einzelnen Abschnitte gemeint sein könnten.

b) „Abfalltonne nur unter Protest"

   Zeile _____

4 Formuliere die folgenden Textaussagen mit eigenen Worten.
Ersetze das markierte Wort durch ein entsprechend anderes oder formuliere einen erklärenden Satz.

a) „Weil es **ökologisch konsequent** ist" (Zeile 4/5)

   _____

b) „Ihr **Mobiliar** ist alt …" (Zeile 91)

   _____

c) „Für sie zählt … leichte Zerlegbarkeit in **recycelbare** Bestandteile." (Zeile 96–99)

   _____

d) „Die Tonne … hat Rheinländer vor Jahren **demonstrativ** an die Fassade seines Bauernhauses … gehängt …" (Zeile 74–80)

   _____

> **TIPP zu 4**
>
> Schlage im Wörterbuch nach oder erschließe die Bedeutung aus dem Textzusammenhang.

5 Im Text (Zeile 41–51) heißt es: „Es **sei** ein 'Erfahrungssatz', urteilte vorigen Herbst das Verwaltungsgericht Koblenz (…). Deshalb **müsse** Carl Rheinländer eine Restmülltonne auf seinem Grundstück ‚dulden' …"
Untersuche die Aussageweise der markierten Verben (Modus).
Welcher Modus wird verwendet? Kreuze an.

a) Indikativ (Wirklichkeitsform) ○

b) Konjunktiv (Möglichkeitsform/indirekte Rede) ○

c) Imperativ (Befehlsform) ○

> **TIPP zu 5 / 6**
>
> Überlege, was die Formulierung bewirkt und welche Absicht sie ausdrückt.

6 Kreuze die richtige Antwort an.
Warum wird diese Verbform im Zitat in Aufgabe **5** verwendet? Die Verbform wird verwendet,

a) um wiederzugeben, was gesagt wurde. ○

b) um die Leser zu verwirren. ○

c) um das Urteil zu zitieren. ○

d) um deutlich zu machen, dass der Fall der Familie Rheinländer der Wahrheit entspricht. ○

7 In Zeile 122/123 heißt es: „Die Rheinländers sind in der Sache **hart**, aber nicht zu ihren Kindern."
Ergänze im folgenden Satz ein passendes Wort, das den Sinn der Aussage nicht verändert:

Auch wenn die Rheinländers in der Sache _____ sind, gilt dies nicht im Umgang mit ihren Kindern.

8 Kreuze die richtige Antwort an.
Der Satz „*Unsere Wirtschaftsweise, unser gesamter Lebensstil basiert darauf, immer größere Mengen kostbarer Rohstoffe auszubeuten und in nutzlosen, oft sogar hochgiftigen Müll zu verwandeln.*" (Zeile 66–71) bedeutet laut Text:

a)	Familie Rheinländer wandelt Rohstoffe in Giftmüll um.	
b)	Die Art, wie Familie Rheinländer lebt, führt dazu, dass Rohstoffe ausgebeutet werden.	
c)	Die Art, wie die Menschen wirtschaften, sorgt dafür, dass immer mehr wertvolle Rohstoffe benötigt werden.	
d)	Aufgrund der Lebensweise der Menschen werden immer mehr Rohstoffe verschwendet.	

9 In Zeile 54–56 wird folgende Frage gestellt: „*Doch wie geht der ‚Mann ohne Müll' mit diesem Urteil um?*"
Was soll das Ziel dieser Frage sein? Kreuze an.

a)	Es handelt sich um eine Frage, die zum Weiterlesen anregen soll.	
b)	Es handelt sich um eine Frage, auf die die Leser richtig antworten sollen.	
c)	Die Frage bleibt unbeantwortet.	
d)	Es handelt sich um eine Suggestivfrage, auf die nur mit *Ja* oder *Nein* geantwortet werden kann.	

10 Familie Rheinländer vermeidet jeglichen Müll und verzichtet dabei auf vieles. Wie lautet deine Meinung zu dieser Lebensweise? Kreuze an.
  ○ Ich könnte so leben.
  ○ Ich könnte so nicht leben.

Begründe deine Meinung, indem du dich auf passende Aussagen im Text beziehst.

Begründung:
_____
_____
_____

> **TIPP zu 11**
>
> 1. Entscheide dich für eine der beiden Möglichkeiten.
> 2. Überfliege den Text und suche nach Schlagworten, die zu der Entscheidungsfrage passen (z. B. Leben, Lebensweise …).
> 2. Unterstreiche die Textaussagen, die du zu dem Schlagwort findest.
> 3. Vergleiche deine Meinung mit den genannten Textaussagen und beziehe dich möglichst genau auf sie *(Wie die Kinder der Familie finde ich die Lebensweise nicht hundertprozentig, weil …).*

11 Dieser Text wird im Unterricht zu dem Thema „Mensch als Hüter der Natur" besprochen. Anschließend sollen sich die Schülerinnen und Schüler in einer Hausaufgabe dazu äußern, ob der Text zum Thema passt.
Auf der nächsten Seite findest du Auszüge aus drei Hausaufgaben.

C 1 Prüfungsaufgaben | Mensch und Natur | Leseverstehen

Welche dieser Meinungen passt am besten zu dem Text?
Wähle eine aus und begründe deine Wahl.

Ich wähle die Hausaufgabe von _____ aus, weil ... _____

_____
_____
_____
_____
_____
_____

Saskia schreibt:	Tino schreibt:	Fitore schreibt:
Ich finde, der Text passt nicht unbedingt zum Thema. Es geht doch nur um die Familie Rheinländer, die sehr extrem lebt. Ich hätte lieber erfahren, wie es generell möglich ist, Müll einzusparen und so die Natur zu schützen. Ungerecht finde ich es aber, dass die Familie Rheinländer dennoch Abfallgebühren zahlen muss, obwohl sie doch keinen Müll produziert.	Ich finde es sehr spannend zu erfahren, dass es tatsächlich möglich ist, keinen Müll zu erzeugen. Es wird ja ständig dazu aufgefordert, Müll zu vermeiden und so die Umwelt zu schonen, aber dass es eine Familie tatsächlich schafft, ohne Abfall zu leben, hätte ich nicht gedacht.	Meiner Meinung nach passt der Text sehr gut zum Thema. Die Möglichkeit, wirklich ganz konkret etwas für die Natur zu tun, wird hier sehr deutlich aufgezeigt. Ab jetzt werde ich auch wieder bewusster an den Umweltschutz denken und versuchen, Müll zu vermeiden.

Auswertung

1. Wie viel Zeit hast du zur Bearbeitung der Aufgaben benötigt? _____ Minuten
   Du hast für diesen Teil der Prüfung 30 Minuten Zeit (siehe Seite 5).

2. Welche Aufgabenart ist dir leicht- oder schwergefallen?

	leicht	mittel	schwer
• Aussagen mit Text vergleichen ❶, ❽	○	○	○
• Aussagen mit Schaubild vergleichen ❷	○	○	○
• Zu Zwischenüberschriften Absätze zuordnen ❸	○	○	○
• Sprachliche Besonderheit herausfinden ❼, ❾	○	○	○
• Fragen zur Grammatik beantworten ❺, ❻	○	○	○
• Begriffe aus dem Textzusammenhang erklären ❹, ❼	○	○	○
• Zu Aussagen über den Text Stellung nehmen ❿ – ⓫	○	○	○

3. Überprüfe deine Antworten mit dem Lösungsheft.

4. Auf den Seiten 91–96 und 107–112 findest du je ein weiteres angeleitetes Prüfungsbeispiel für Teil I. Bearbeite auch diese Seiten.
   Stelle anschließend im Vergleich fest, welche Aufgaben dir überhaupt nicht liegen.
   Diese solltest du noch einmal trainieren.

C 2 Aufgabentyp 2: Das Freiwillige Ökologische Jahr (angeleitetes Üben)

Teil II

Zum Projekttag „Zukunftsperspektive" soll jeder Wege in den Beruf vorstellen. Du hast dich für das Freiwillige Ökologische Jahr (FÖJ) entschieden und schreibst für deine Mitschülerinnen und Mitschüler einen informativen Text, der an einer Stellwand ausgehängt werden soll. Damit du deinen Text schreiben kannst, bekommst du eine Materialsammlung (M 1 – M 5). Lies dir zunächst die Aufgabenstellung und dann die Materialien aufmerksam durch, bevor du mit dem Schreiben beginnst.

1 Verfasse auf der Grundlage der Materialien M 1 bis M 5 einen **informativen Text** für deine Mitschülerinnen und Mitschüler über das FÖJ. Schreibe nicht einfach aus den Materialien ab, sondern bemühe dich um einen eigenständige Darstellung in einem zusammenhängenden Text. Berücksichtige dabei folgende Gesichtspunkte:
  a) **Formuliere** für den Text eine passende Überschrift.
  b) **Formuliere** einen Einleitungsteil, in dem du das FÖJ **vorstellst** und Interesse dafür weckst.
  c) **Beschreibe** die Voraussetzungen, die Jugendliche für das FÖJ mitbringen sollten.
  d) **Erläutere** an Beispielen aus dem Material ausführlich drei Einsatzmöglichkeiten im FÖJ.
  e) **Schlussfolgere** anhand der Materialien und eigener Überlegungen, welchen Nutzen das FÖJ für die Berufswahl haben kann, und **erläutere** deine Schlussfolgerungen.
  f) **Notiere** unterhalb deines Textes die von dir genutzten Materialien.

M 1 Erfahrungen der Freiwilligen zum FÖJ

Lina: Ich hatte mich schon mehrmals als Tierpflegerin beworben, bekam aber nur Absagen. Dann habe ich mich für das FÖJ beworben, bekam sofort eine Adresse, es war ein Bio-Bauernhof. Als ich den Hof sah, war ich begeistert. Ich konnte handwerklich arbeiten, was mir schon immer großen Spaß gemacht hatte, und lernte viel mehr über Tiere als in der Schule. Jetzt ist das Jahr schon zu Ende und ich will gar nicht mehr fort von hier. Ich habe vieles gelernt, z. B. mit anderen Menschen umzugehen, Tiere zu hegen und zu pflegen, und vor allem bin ich selbstständiger geworden. Ich bin froh, dass ich das FÖJ gemacht habe.

Carla: Ich musste sehr flexibel sein und mich dem Tagesablauf anpassen. Aber das Jahr hat mich in meiner Einstellung zur Natur stark zum Positiven verändert.

Malte: Der Umgang mit Arbeitskollegen und Vorgesetzten hat mir die Möglichkeit gegeben, meine Teamfähigkeit auszubauen.

M 2 Interview mit einem Experten für das FÖJ

Reporter: Das Freiwillige Ökologische Jahr erfährt seit einiger Zeit einen erheblichen Zulauf. Wie können Sie das erklären?

Experte: Seit 1995 gibt es dieses besondere Angebot in NRW. Mit dem FÖJ wird jungen Menschen im Alter zwischen 16 und 27 Jahren ein Angebot unterbreitet, für unsere Umwelt praktisch tätig zu sein und gleichzeitig ökologische und umweltpolitische Zusammenhänge in ihrem gesellschaftlichen Kontext besser zu verstehen. Durch die zunehmende Sensibilisierung für die Umwelt und ihre Probleme entscheiden sich immer mehr Jugendliche für diesen Weg. Ökologisch orientierte Berufe haben in der Zukunft beste Chancen.

Reporter: Welche Voraussetzungen sollten die Jugendlichen mitbringen?

Experte: Mit dem FÖJ wird die Bereitschaft junger Leute für ein freiwilliges Engagement gefördert. Umweltbewusstsein, handwerkliches Geschick, Bereitschaft zum Lernen in und von der Natur sollten vorhanden sein.

Reporter: Was kann man alles machen im FÖJ?

Experte: Das FÖJ bietet die Möglichkeit einer praktischen Beschäftigung im Natur- und Umweltschutz mit vielen unterschiedlichen Einsatzbereichen. Diese werden z. B. von den Umweltämtern der Kreise und Kommunen, von Umweltverbänden, Vereinen und Biohöfen angeboten. Junge Menschen können z. B. bei der Garten- und Landschaftspflege, im Biotop- und Artenschutz, bei der Gewässerpflege und in landwirtschaftlichen Biobetrieben arbeiten. Dabei hat jeder am Einsatzort eine fachliche Anleitung und Ansprechperson und ist in ein Team eingebunden. Nach Möglichkeit werden immer zwei FÖJ-Teilnehmerinnen und Teilnehmer in einer Einsatzstelle beschäftigt.

Reporter: Welche Vorteile haben Jugendliche, die ein FÖJ absolviert haben?

Experte: Das FÖJ ist ein sinnvoll genutztes Jahr. Junge Menschen entwickeln in dieser Zeit nicht nur soziale Kompetenz. Sie setzen sich auch intensiv und engagiert mit ökologischen Fragen auseinander, lernen ökologische Zusammenhänge kennen und entwickeln eine Sensibilität für unsere Umweltprobleme. Sie arbeiten in konkreten Projekten des Umweltschutzes mit, setzen sich z. B. mit Energiesparprogrammen auseinander und lernen neue Arbeitsfelder in attraktiven Berufen kennen. Wenn sie sich für einen Beruf im Umweltschutzbereich entscheiden, haben sie einen Startvorteil. Sie können nachweisen, dass sie in diesem Bereich schon praktisch tätig waren und über ökologische Grundkenntnisse verfügen. Das wissen viele Betriebe zu schätzen, wenn sie ihre Ausbildungsplätze vergeben.

M 3 Anerkannte Einsatzstellen des FÖJ im Rheinland

Quelle: Landschaftsverband Rheinland (www.foej.lvr.de)
Grafik: westermann

M 4 Mögliche Arbeitsfelder im FÖJ

- Betreuung eines Naturlehrpfades
- Bau und Pflege eines Steingartens
- Trockenmauerbau
- Anlage und Pflege von Kräuter-, Gemüsebeeten, Streuobstwiesen
- Anbau biologischer Produkte
- Arbeiten im ökologischen Landbau mit Tierhaltung
- Betreuung der Hoftiere
- Mitarbeit bei Projekten der Umweltbildung
- Öffentlichkeitsarbeit zu Naturthemen
- Geländeplanung im Außendarstellungsbereich eines Freilichtmuseums

Zusammengestellt nach: www.foej.lvr.de

M 5 Gesetz zur Förderung von Jugendfreiwilligendiensten vom 16. Mai 2008

§ 4 Freiwilliges ökologisches Jahr

(1) Das freiwillige ökologische Jahr wird ganztägig als überwiegend praktische Hilfstätigkeit, die an Lernzielen orientiert ist, in geeigneten Stellen und Einrichtungen geleistet, die im Bereich des Natur- und Umweltschutzes einschließlich der Bildung zur Nachhaltigkeit tätig sind.

(2) Das freiwillige ökologische Jahr wird pädagogisch begleitet. Die pädagogische Begleitung wird von einer zentralen Stelle eines nach § 10 zugelassenen Trägers des Jugendfreiwilligendienstes sichergestellt mit dem Ziel, soziale, kulturelle und interkulturelle Kompetenzen zu vermitteln und das Verantwortungsbewusstsein für das Gemeinwohl zu stärken. Im freiwilligen ökologischen Jahr sollen insbesondere der nachhaltige Umgang mit Natur und Umwelt gestärkt und Umweltbewusstsein entwickelt werden, um ein kompetentes Handeln für Natur und Umwelt zu fördern.

Quelle: www.juris.de

Lösungshilfen zu ❶ a) – f)

1. Führe den ersten und zweiten Arbeitsschritt durch (siehe B 5, S. 28).

2. Lege dir eine Mindmap an (siehe dritter Arbeitsschritt B 5, S. 34).

TIPP zu 2. und 3.

Markiere in den Materialien (insbesondere M 1 und M 2) die Informationen, die sich auf Aufgabe 1c) beziehen, in der gleichen Farbe. Das erleichtert dir die Arbeit, wenn du den entsprechenden Ast in der Mindmap aufschreibst.
Verfahre ebenso bei Aufgabe 1d).

3. Wähle drei FÖJ-Einsatzorte aus und erläutere jeweils deine Aufgaben dort.

   Beispiel: Auf einem Biobauernhof muss man sich um die Tiere kümmern, sie füttern, Ställe säubern, auf den Feldern helfen, mit der Familie und den Angestellten täglich zusammenarbeiten, die zugewiesenen Aufgaben erledigen und lernen, was biologischer Anbau wirklich bedeutet

4. Notiere Berufe, auf die das FÖJ vorbereitet, und notiere Eigenschaften, die derjenige, der diesen Beruf ausüben möchte, mitbringen sollte.

   _____
   _____

5. Liste Vorteile des FÖJ auf, die in den Materialien genannt werden.

   _____
   _____
   _____

6. Welchen weiteren Nutzen für die Berufswahl könnte das FÖJ haben? Notiere dazu deine eigenen Überlegungen.

   _____
   _____
   _____

TIPP zu 6.

Berücksichtige eigene Erfahrungen, die du gemacht hast (z. B. im Praktikum) oder beziehe mögliche Ratschläge ein, die du erhalten hast (z. B. von jemandem, der das FÖJ absolviert hat).

7. Ergänze den vorliegenden Schreibplan.

Schreibplan

Überschrift: _____

Einleitung:

  – Projekttag „Zukunftsperspektive"

  – Thema: Freiwilliges Ökologisches Jahr (FÖJ)

  – Schülerinnen und Schüler über das FÖJ informieren

Hauptteil:

  – 1 c) Beschreibung der Voraussetzungen: Interesse an Natur und Umwelt, …

  – 1 d) Erläuterung von drei Einsatzmöglichkeiten: …

Schluss:

  – 1 e) Nutzen für die Berufswahl: …

  – 1 f) verwendete Materialien: M 5, …

---

8. Schreibe deinen informativen Text. Du kannst folgende Formulierungsvorschläge verwenden:

   1) Das „echte" Leben erleben im FÖJ

   Einleitung: Das Freiwillige Ökologische Jahr (FÖJ) ist eine ganz tolle Sache, die …
   In den letzten Jahren haben immer mehr Jugendliche im Alter von …

   Hauptteil: Wer ein FÖJ absolvieren will, sollte …
   Darüber hinaus könnte es für euch wichtig sein, dass …
   Es gibt für euch sehr viele Einsatzmöglichkeiten …

   Schluss: Es stellt sich die Frage, welchen besonderen Nutzen …
   In dem Zusammenhang solltet ihr bedenken, dass …
   Persönlich finde ich, dass …

   Ich habe für meinen Info-Text folgende Materialien verwendet: …

TIPP zu 8.

Denke daran, deinem Info-Text eine **Überschrift** zu geben. Du kannst dazu eine der Überschrift der Materialien 1 bis 5 wählen, falls sie zu deinem Text passt. Du kannst diese aber auch abändern oder eine eigene Überschrift formulieren.

9. Überarbeite deine Texte mithilfe der Checkliste auf Seite 36.

C 3 Aufgabentyp 2: Lärmbelastung in der Schule (angeleitetes Üben)

Teil II

In der Arbeitsgemeinschaft „Gesundheit" habt ihr aufgrund von Beschwerden über die sehr hohe Lärmbelastung an eurer Schule einen Rundgang durchs Gebäude gemacht. Deine Aufgabe als Sprecher dieser AG ist es, den Schulleiter, Herrn Schlüter, über die Problematik Lärmbelastung in Schulen zu informieren. Damit du deinen Text schreiben kannst, bekommst du eine Materialsammlung (M 1 – M 5). Lies dir zunächst die Aufgabenstellung und dann die Materialien aufmerksam durch, bevor du mit dem Schreiben beginnst.

1 Verfasse einen **Brief an den Schulleiter, Herrn Schlüter, und informiere ihn darin über die Lärmbelastung in Schulen**. Dein Brief soll so formuliert sein, dass der Schulleiter **auf das Problem aufmerksam wird**. Schreibe nicht einfach aus den Materialien ab, sondern bemühe dich um eine **eigenständige Darstellung** in einem zusammenhängenden Text. Berücksichtige dabei folgende Gesichtspunkte:

(Randnotiz: ≠ Abschreiben sonst zitieren)

a) **Formuliere** für den Text eine passende Überschrift bzw. Anrede.
b) **Formuliere** einen Einleitungsteil, in dem du das Problem „**Lärmbelastung an Schulen**" **vorstellst** (Erläuterung des Problems).
c) **Beschreibe** die **Auswirkungen von hoher Lärmbelastung**.
d) **Erläutere** verschiedene Möglichkeiten der Lärmminderung in der Schule, berücksichtige dabei aber auch deren Grenzen (z. B. äußere Bedingungen).
e) **Schlussfolgere** anhand der Materialien und eigener Überlegungen, welche Maßnahmen ihr an eurer Schule zur Minderung der Lärmbelastung umsetzen solltet.
f) **Notiere** unterhalb deines Textes die von dir genutzten Materialien.

(Randnotiz: Belege = Zitat)

M 1 Schüleräußerungen während des Rundgangs

Janine: Alle reden immer durcheinander, keiner hört zu.
Maren: Ständig läuft einer in der Klasse herum, die Fünftklässler toben immer im Flur.
Baris: Im Freizeitbereich, wo Ruhe sein sollte, steht jetzt noch ein weiterer Kicker.
Fiona: Wenn es regnet, ist es in der Pausenhalle sehr laut. In der Turnhalle ist es auch zu laut.
Toni: In unserer Klasse ist es schön ruhig, weil sich alle an die Gesprächsregeln halten.

M 2 Interview mit einem Lärmforscher

Reporter: Letzten Monat hat die Tagung „Die leise Schule ist leistungsstärker" stattgefunden. Was war der Grund für diese Tagung?
Experte: Lärm ist ein Stressfaktor in Schule. Wer ständig gegen den Krach anderer anreden muss, ist am Ende erschöpft und genervt. Dauernder Stress hat oft gesundheitliche Folgen. Die Tagung sollte das Bewusstsein für die Folgen von Lärm in Schulklassen erhöhen.
Reporter: Lassen sich solche Folgen konkret benennen?
Experte: Das Ausmaß der Lärmbelästigung wird von jedem anders empfunden, dies hängt sowohl von der Art der Lärmquelle als auch von

der Situation des betroffenen Menschen ab. Es kommt auf die Dauer des Lärms an, auf die Lautstärke, die Art der Beschäftigung, die man gerade ausübt, aber auch auf die in dem Moment vorhandene Befindlichkeit des Einzelnen. Ab einem bestimmten Schallpegel (ab ca. 60 Dezibel) entsteht Stress, es kommt zu mangelnder Konzentrationsfähigkeit, zu Hörstörungen und oft zu nächtlichen Schlafstörungen, die sich am nächsten Morgen erneut negativ bemerkbar machen. Das betrifft Lehrkräfte und Schülerinnen und Schüler gleichermaßen. Wir haben in vielen Klassen durchschnittlich 65 Dezibel gemessen. In Schweden haben z. B. Untersuchungen gezeigt, dass Schüler ablehnen in der Mensa zu essen, weil der Lärm zu hoch war.

Reporter: Was lässt sich dagegen tun?

Experte: Die Lärm mindernde Sanierung eines Klassenzimmers mit z. B. Schallschutzdecken, Wandschallschutz usw. kostet weniger als 3 000 Euro pro Raum. Außerdem müssen Schülerinnen und Schüler von Anfang an klare Regeln lernen, das Verhaltenstraining muss bereits in der Grundschule einsetzen. Auch der Einsatz von Teppichböden oder das Tragen von Hausschuhen in der Schule können den Lärm mindern. Durch Untersuchungen hat man festgestellt, dass die zweite Stunde einer Doppelstunde in der Regel lauter ist, als wenn zwei Einzelstunden aufeinander folgen.

Reporter: Was empfehlen Sie, damit sich die Situation verbessert?

Experte: In Gesprächen mit Lehrkräften ist mir leider ein Maß an Resignation aufgefallen. Sie versuchen, mit den Gegebenheiten fertig zu werden, weil sie nicht daran glauben, etwas ändern zu können. Lehrerinnen und Lehrer, Eltern und alle Schülerinnen und Schüler sollten gemeinsam für Verbesserungen kämpfen.

M 3

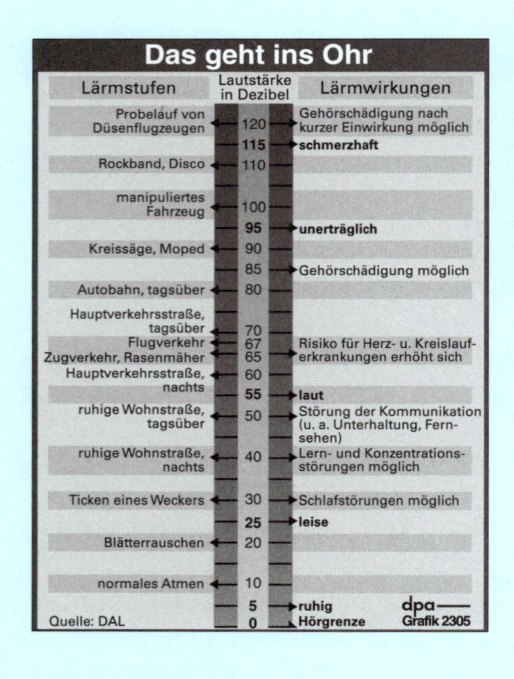

Das geht ins Ohr

Lärmstufen	Lautstärke in Dezibel	Lärmwirkungen
Probelauf von Düsenflugzeugen	120	Gehörschädigung nach kurzer Einwirkung möglich
	115	schmerzhaft
Rockband, Disco	110	
manipuliertes Fahrzeug	100	
	95	unerträglich
Kreissäge, Moped	90	
	85	Gehörschädigung möglich
Autobahn, tagsüber	80	
Hauptverkehrsstraße, tagsüber	70	
Flugverkehr	67	Risiko für Herz- u. Kreislauferkrankungen erhöht sich
Zugverkehr, Rasenmäher	65	
Hauptverkehrsstraße, nachts	60	
	55	laut
ruhige Wohnstraße, tagsüber	50	Störung der Kommunikation (u. a. Unterhaltung, Fernsehen)
ruhige Wohnstraße, nachts	40	Lern- und Konzentrationsstörungen möglich
Ticken eines Weckers	30	Schlafstörungen möglich
	25	leise
Blätterrauschen	20	
normales Atmen	10	
	5	ruhig
	0	Hörgrenze

Quelle: DAL — dpa Grafik 2305

M 4 Die Lautstärke-Ampel

Empfindlichkeit in 7 Stufen regelbar
Dauerlicht ROT/GELB oder GRÜN
incl. Smiley-Set, Signalton zuschaltbar
Lärm stellt in Schulen ein ernstes Problem dar. Lärmampeln geben den Kindern nach dem Prinzip der Verkehrsampel eine visuelle Rückmeldung, wenn es zu laut wird.
Sonderangebot: 82,00 Euro + Versandkosten

M 5 Interview mit dem Chef des Umweltbundesamtes

[...] Herr Flasbarth, Sie haben sich den Kampf gegen den Lärm auf die Fahne geschrieben. Als Umweltprobleme galten bisher vor allem Luft-, Boden- und Wasserverschmutzung, weniger die akustischen Emissionen[1].

Jochen Flasbarth: Das stimmt, der Lärm kommt erst mit Verzögerung in unser Bewusstsein, denn seine Bedeutung für Umwelt und Gesundheit ist lange falsch eingeschätzt worden. Ich würde sagen: Lärm ist das wohl am stärksten unterschätzte Umweltthema in Deutschland. [...]

Lärm nervt, da wird Ihnen wohl jeder sofort zustimmen. Aber ist er wirklich eine Gesundheitsgefahr? Man könnte ja auch sagen: Krach müssen wir in unserer hoch technologisierten Gesellschaft eben aushalten.

Flasbarth: Nein, Schutz vor Lärm ist nicht einfach nur „nice to have". Er ist letztlich alternativlos, denn es sind enorme Gefahren, die von Lärm ausgehen. Es ist nachgewiesen, dass Lärm verschiedenste Gesundheitsbeschwerden verursachen kann, vor allem Herzkreislaufbeschwerden und Bluthochdruck bis hin zu einem erhöhten Herzinfarktrisiko. [...] Wir müssen uns vor allem darüber klar werden, welche Lärmlevel wir eigentlich erreichen wollen. Wir haben an vielen Stellen in Deutschland immer noch Lärmbelastungen über 65 Dezibel am Tage und über 55 Dezibel in der Nacht. [...] Wir alle können übrigens unseren Beitrag leisten. Mit etwas mehr Rücksicht können wir zum Beispiel den Nachbarschafts- und Freizeitlärm zurückfahren. [...]

Quelle: Epoch Times Deutschland online: „Lärm ist das am stärksten unterschätzte Umweltthema". v. 29.12.2009

[1] Emission: Ausströmen von Schadstoffen, hier im Sinn von Lärmbelastungen

Lösungshilfen zu ❶ a) – f)

1. Führe den ersten und zweiten Arbeitsschritt durch (siehe B 5, S. 28).

2. Lege dir eine Tabelle an (siehe dritter Arbeitsschritt B 5, S. 33).

3. Prüfe die Stichwörter in deiner Tabelle zu den Möglichkeiten der Lärmminderung. Schreibe auf, ob die gemachten Vorschläge umsetzbar sind oder nicht. ✍

> **TIPP zu 2. und 3.**
>
> Markiere in den Materialien (insbesondere M 2 und M 5) die Informationen, die sich auf Aufgabe 1c) beziehen, in der gleichen Farbe. Das erleichtert dir die Arbeit, wenn du den entsprechenden Ast in der Mindmap aufschreibst.
> Verfahre ebenso bei Aufgabe 1d) und 1e).

Beispiel: – die zweite Stunde einer Doppelstunde ist lauter → mehr Einzelstunden; dies ist bei bestimmten Unterrichtsfächern (z.B. Kunst) nicht möglich

– Schallschutzdecken: kann Schule nicht einbauen, muss derjenige tun, dem die Schule gehört, Stadt oder Landkreis, teuer bei vielen Klassenräumen

4. Notiere eigene Überlegungen, die nicht in den Materialien genannt werden, wie ihr als Schülerinnen und Schüler die Lärmbelastung verringern könntet.

   _____

   _____

5. Lege dir stichwortartig einen Schreibplan an.

Schreibplan

Überschrift: Sehr geehrter Herr Schlüter,   Ort, Datum

Einleitung: AG „Gesundheit" – Rundgang zum Thema Lärmbelastung in Schule

Hauptteil: 1 c) Beschreibung der Auswirkungen von hoher Lärmbelastung:

                      Lärm ist ein Stressfaktor in Schule mit gesundheitlichen Folgen …

              1 d) Verschiedene Möglichkeiten und Grenzen der Lärmminderung erläutern:

                      Schallschutzdecken, Teppichböden, Lärmampeln (Kosten bei vielen Klassen), …

Schluss: 1 e) Reduzierung der Lärmbelastung an der eigenen Schule: an die Klassen-

                      regeln halten, …

              1 f) verwendete Materialien: …

---

6. Schreibe deinen informativen Text. Du kannst folgende Formulierungsvorschläge verwenden:

   1) Sehr geehrter Herr Schlüter,
   bei unserem Rundgang …
   Untersuchungen in Klassen haben ergeben, …
   „Lärm ist das wohl am stärksten unterschätzte Umweltthema in Deutschland." (J. Flasbarth)
   Außerdem können Sie feststellen, dass …
   Es stellt sich die Frage, welche Möglichkeiten es gibt, …
   In jeder Klasse sollten von Anfang an …
   Wir möchten Sie bitten, …

   > **TIPP zu 6.**
   >
   > Verbinde deine Sätze durch passende Überleitungen:
   > *außerdem … / darüber hinaus … / ferner muss ich erwähnen, … / schließlich … / außerdem lässt sich feststellen, dass … Ein wesentlicher Gesichtspunkt ist … In dem Zusammenhang sollte man bedenken, dass … Es sollte nicht unerwähnt bleiben, dass … Wichtig erscheint noch, dass …*

7. Überarbeite deinen Brief mithilfe der Checkliste auf Seite 36.

C 4 Aufgabentyp 2: Jugendreport Natur 2010 (angeleitetes Üben)

Teil II

Der Jugendreport Natur testet seit 1997 das Wissen Jugendlicher über die Natur. Dazu werden jedes Jahr 3.000 Schülerinnen und Schüler zwischen 11 und 15 Jahren zu ihrem Naturverständnis befragt. Im Biologieunterricht habt ihr die aktuellen Ergebnisse aus dem Jahr 2010 besprochen.
Du hast die Aufgabe erhalten, für die Homepage deiner Schule einen Beitrag über den Jugendreport 2010 zu schreiben, der deine Mitschülerinnen und Mitschüler über die Ergebnisse informiert.

Damit du deinen Beitrag schreiben kannst, bekommst du eine Materialsammlung (M 1 – M 4).
Lies bitte zunächst die Aufgabenstellung und dann die Materialien aufmerksam durch, bevor du mit dem Schreiben beginnst.

1 Verfasse auf der Grundlage der Materialien M 1 bis M 4 einen **informativen Text** für die Homepage deiner Schule und kläre deine Mitschülerinnen und Mitschüler darin über die Ergebnisse des Jugendreports 2010 auf. Schreibe nicht einfach aus den Materialien ab, sondern bemühe dich um eine eigenständige Darstellung in einem zusammenhängenden Text. Berücksichtige dabei folgende Gesichtspunkte:
a) **Formuliere** für den Text eine passende Überschrift.
b) **Formuliere** eine Einleitung, in der du das Problem **darstellst**, das durch die Ergebnisse des Jugendreports 2010 deutlich wird.
c) **Beschreibe**, welche Vorstellungen Jugendliche von der Natur haben, und **nenne** konkrete Beispiele.
d) **Erläutere**, warum Jugendliche so wenig über die Natur wissen.
e) **Schlussfolgere** anhand der Materialien und eigener Überlegungen, welche Möglichkeiten es gibt, um den Jugendlichen ein genaueres Bild von der Natur zu ermöglichen.
f) **Notiere** unterhalb deines Textes die von dir genutzten Materialien.

M 1 Welche Arten von Kühen geben nur H-Milch?

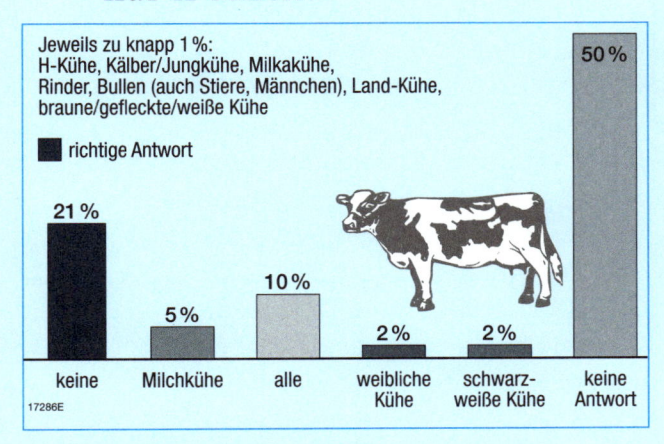

Jeweils zu knapp 1 %: H-Kühe, Kälber/Jungkühe, Milkakühe, Rinder, Bullen (auch Stiere, Männchen), Land-Kühe, braune/gefleckte/weiße Kühe

■ richtige Antwort

- keine: 21 %
- Milchkühe: 5 %
- alle: 10 %
- weibliche Kühe: 2 %
- schwarz-weiße Kühe: 2 %
- keine Antwort: 50 %

Quelle: Deutscher Jagdschutz-Verband e.V.

M 2 Das mache ich gern oder würde ich gerne machen

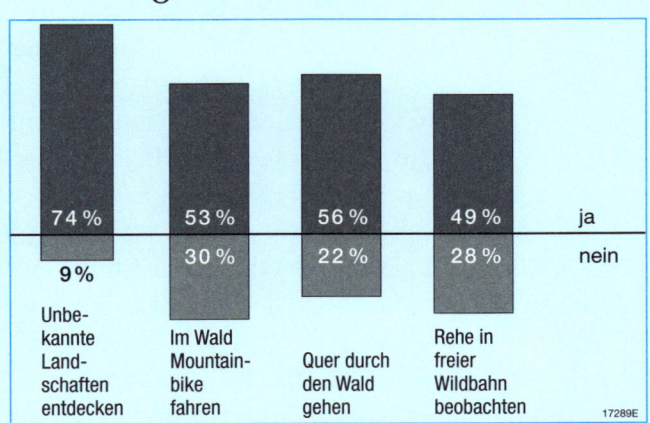

	ja	nein
Unbekannte Landschaften entdecken	74 %	9 %
Im Wald Mountainbike fahren	53 %	30 %
Quer durch den Wald gehen	56 %	22 %
Rehe in freier Wildbahn beobachten	49 %	28 %

Quelle: Deutscher Jagdschutz-Verband e.V.

M 3 Schülergespräche in der Pause:

Nicola: Die gestellten Fragen waren ganz schön schwer. Ich war mir nicht ganz sicher, wie viele Eier ein Huhn täglich legt. Ich habe mal 2 angekreuzt.
Dennis: Eine moderne Henne sollte doch wohl drei Eier täglich legen können.
Karsten: Das weiß man doch, dass ein Huhn nur eins am Tag legt! Für mich gab es zu viele Kuhfragen.
Lara: Also, ich kann mich daran erinnern, wie enttäuscht ich war, als ich als Kind gemerkt habe, dass Kühe gar nicht lila sind so wie in der Werbung. Ich finde, wir sollten mit der Klasse mal auf einen Bauernhof fahren.
Dennis: Super! Da können wir sicher auch Trecker fahren.

M 4 Wie viele Zitzen hat die Kuh?

Im Interview mit der Zeitschrift Focus äußert sich Rainer Brämer, Natursoziologe, zu den Ergebnissen des Jugendreports 2010:

[...[**FOCUS Online:** Herr Brämer, woran liegt es, dass sich Jugendliche nicht für die Natur interessieren?
Rainer Brämer: Die Natur ist für Kinder langweilig, weil sie mit Ge- und Verboten verbunden ist: Reiß keine Pflanzen aus, bleib auf den Wegen, sei leise und so weiter. Wir haben Schüler aus der sechsten und neunten Klasse befragt. In diesem Alter suchen Kinder und Jugendliche nach ihrer Identität. Vor allem Jungen brauchen eine Herausforderung, und die finden sie heutzutage eher in Computerspielen.
FOCUS Online: Welches Bild von Natur haben die Jugendlichen überhaupt?
Brämer: Jugendliche stilisieren[1] die Natur zur absoluten Idylle, die hauptsächlich dazu dient, sich in ihr wohl zu fühlen. Diese Vorstellung haben Erwachsene übrigens auch. So entstehen widersprüchliche Einstellungen. Zum Beispiel sagen in der aktuellen Studie 85 Prozent der Schüler, dass es gut sei, im Wald Bäume zu pflanzen, genauso viele glauben allerdings, dass es für die Natur eher schädlich sei, diese dann auch zu fällen. In den Augen der Kinder und Jugendlichen soll der Förster den Wald gesund halten und pflegen, aber bitte keine Rohstoffe aus ihm herausholen.
FOCUS Online: Das ist aber doch eine gute Einstellung.
Brämer: Nein, denn so entsteht ein blinder Fleck im Bewusstsein. Den Jugendlichen ist – wie vielen Erwachsenen auch – gar nicht mehr klar, dass Natur nicht nur etwas Heiles und Schönes ist, sondern dass wir Menschen die Natur auch nutzen, ja, dass aus ihr letztlich die Rohstoffe für alle unsere Lebensmittel und Konsumprodukte stammen. Nur vier Prozent können sich vorstellen, dass auch die Rohstoffe für ihr Handy aus der Natur kommen.
FOCUS Online: Was ist das Problem daran?
Brämer: Erstens, die Natur wird zum empfindsamen Paradies verklärt. Viele Eltern haben zum Beispiel die seltsame Vorstellung, dass ihre Kinder etwas kaputt machen könnten, wenn sie draußen spielen. So wird die Natur für Kinder und Jugendliche zu etwas Abstraktem. Zweitens können wir nur dann verstehen, was mit Nachhaltigkeit gemeint ist, wenn wir uns eingestehen, dass wir die Natur auch nutzen. [...]

FOCUS Online: Wie könnte man dem Nachwuchs wieder ein realistisches Bild von Natur vermitteln?
Brämer: Das ist eine sehr schwierige Frage. Ich würde sagen, dass man den Jugendlichen wieder mehr Erfahrung in der Natur ermöglichen sollte. Eltern sollten ihre Kinder einfach mal draußen toben lassen. Was die Schule angeht, könnten zum Beispiel die Grundschullehrer einmal pro Woche mit den Kindern rausgehen. [...]

FOCUS Online: Das heißt also, dass Kinder und Jugendliche, die viel Zeit draußen verbringen, einen nachhaltigen Umgang mit der Natur entwickeln werden, oder?
Brämer: Sie sind nachweislich natursensibler – eine wichtige Voraussetzung für nachhaltiges Verhalten. [...]

Quelle: Anita Hirschbeck: Wie viele Zitzen hat die Kuh? Unter: www.focus.de v. 11.06.2010

1 stilisieren: etwas stark vereinfachend darstellen

Lösungshilfen zu ❶ a) – f)

1. Führe den ersten und zweiten Arbeitsschritt durch (siehe B 5, S. 28).

2. Lege dir eine Tabelle an (siehe dritter Arbeitsschritt B 5, S. 33)

TIPP zu 2. und 3.

Markiere in den Materialien (insbesondere M 1 und M 3) die Informationen, die sich auf Aufgabe 1c) beziehen, in der gleichen Farbe. Das erleichtert dir die Arbeit, wenn du den entsprechenden Ast in der Mindmap aufschreibst.

3. Prüfe die Stichwörter in deiner Tabelle zu den Möglichkeiten, die in den Texten genannt werden, um Jugendlichen die Natur näher zu bringen, und ergänze, was die Jugendlichen dort erfahren könnten.

   Beispiel: Besuch eines Bauernhofes → _____

   realistische Darstellung des Arbeitslebens dort

   Eltern sollen ihre Kinder draußen toben lassen → _____

   ....

4. Notiere eigene Überlegungen, die nicht in den Materialien genannt werden, wie man den Jugendlichen die Natur näher bringen könnte.

5. Lege dir stichwortartig einen Schreibplan an.

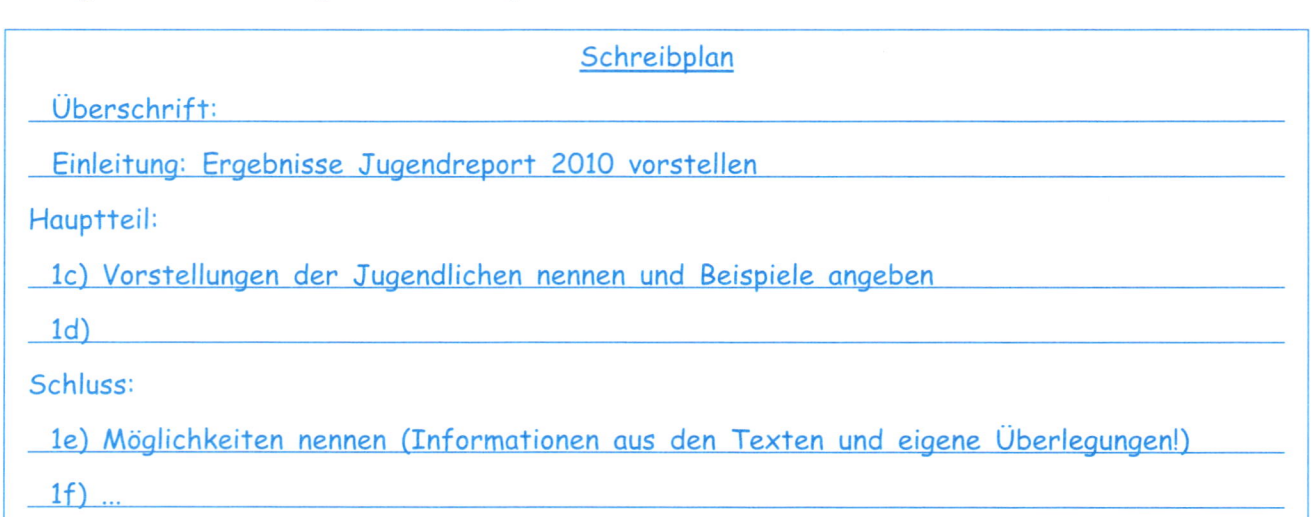

Schreibplan

Überschrift: _____

Einleitung: Ergebnisse Jugendreport 2010 vorstellen

Hauptteil:

  1c) Vorstellungen der Jugendlichen nennen und Beispiele angeben

  1d) _____

Schluss:

  1e) Möglichkeiten nennen (Informationen aus den Texten und eigene Überlegungen!)

  1f) …
---

6. Schreibe deinen informativen Text.
Achte darauf, dass du einen zusammenhängenden Text schreibst. Achte auf Überleitungen und passende Einleitungssätze.
Du kannst die folgenden Formulierungsvorschläge verwenden:

Der Jugendreport 2010 stellt ganz klar fest, dass …

Einige der genannten Antworten der Jugendlichen sind erschreckend. So wussten viele nicht, dass …

Es stellt sich die Frage, welche Möglichkeiten es gibt, um …

In jeder Klasse sollten von Anfang an …

Außerdem können Jugendliche so erfahren, dass …

7. Überarbeite deinen Brief mithilfe der Checkliste auf Seite 36.

> **TIPP zu 6.**
>
> Leite die einzelnen Teilaufgaben durch einen **Einleitungssatz** ein.
> Du kannst die Aufgabenstellung aufgreifen und dazu die Sätze umstellen:
> *Aufgabenstellung: Beschreibe, welche Vorstellungen Jugendliche von der Natur haben …*
> *Umformung:*
> *Viele Jugendliche haben wenig realistische Vorstellungen von der Natur. So denken sie …*
> Verbinde deine Sätze durch passende **Überleitungen:**
> *außerdem …/ darüber hinaus …/ ferner muss ich erwähnen, dass …/ schließlich …/ außerdem lässt sich feststellen, dass …*
> *Ein wesentlicher Gesichtspunkt ist …*
> *In dem Zusammenhang sollte man bedenken, dass …*
> *Es sollte nicht unerwähnt bleiben, dass … / dadurch … / Dies führt zu …*

C5 Aufgabentyp 2: Robinson Crusoe (selbstständiges Üben)

Bald wird an deiner Schule ein Theaterstück über Robinson Crusoe aufgeführt. Du bist gebeten worden, in der Schulzeitung zur Vorbereitung die Figur des Robinson Crusoe vorzustellen.
Dein Text soll Schülerinnnen und Schüler sowie Lehrkräfte und Eltern über die Figur des Robinson Crusoe informieren.
Damit du deinen Text schreiben kannst, bekommst du eine Materialsammlung (M1–M7).

Lies bitte zunächst die Aufgabenstellung und dann die Materialien aufmerksam durch, bevor du mit dem Schreiben beginnst.

Aufgabenstellung

Verfasse auf der Grundlage der Materialien M1–M7 einen informierenden Text über Robinson Crusoe. Schreibe nicht einfach aus den Materialien ab, sondern achte auf eine eigenständige Darstellung in einem zusammenhängenden Text.

Gehe dabei so vor:

- Formuliere für den Text eine passende Überschrift.
- Schreibe eine Einleitung, in der du kurz Robinson Crusoe vorstellst (Wer ist Robinson? Mit welchem einschneidenden Erlebnis muss er fertigwerden? Welcher Autor hat die Figur erfunden?).
- Erläutere, in welcher außergewöhnlichen Lebenssituation sich Robinson Crusoe nach dem Schiffbruch befindet und welche Folgen sich daraus für sein Leben und Handeln ergeben.
- Stelle die Gemeinsamkeiten und Unterschiede zwischen der historischen Vorlage und Defoes Roman dar.
- Schlussfolgere anhand der Materialien und eigener Überlegungen, was die Menschen von heute an Robinson Crusoe beeindruckt. Erläutere dabei den Begriff „Robinsonade".
- Notiere unterhalb des Textes die von dir genutzten Materialien.

Quelle (Aufgaben): Ministerium für Schule und Weiterbildung des Landes Nordrhein-Westfalen, Düsseldorf 2012

M 1

Zeichnung MSW

M 2 Robinson Crusoe (Romanauszug)   *Daniel Defoe*

Ich wurde im Jahre 1632 in der Stadt York als Sohn einer angesehenen Familie geboren, die aber nicht aus diesem Lande war, denn mein Vater war ein Deutscher aus Bremen und hatte sich zuerst in Hull niedergelassen. Er kam an diesem Ort als Kaufmann zu einem beträchtlichen Vermögen.
5 Darauf siedelte er nach York über. Dort heiratete er meine Mutter, deren Familie Robinson hieß. Nach ihr und dem deutschen Namen meines Vaters wurde ich Robinson Kreutzner genannt. Da es aber in England üblich ist, deutsche Namen zu verunstalten, so wurde ich Robinson Crusoe genannt, und so haben mich auch meine Kameraden allezeit genannt.
10 Da man mich als dritten und letzten Sohn zu keiner ernsthaften Beschäftigung angehalten[1] hatte, fing ich bald an, mich mit abenteuerlichen Plänen zu beschäftigen. Mein Vater, der schon bei Jahren[2] war, hatte mir eine gute Erziehung gegeben und wollte einen Juristen aus mir machen. Mir aber gefiel nichts in der Welt so gut als das Seemannsleben, und die Begierde
15 danach trieb mich gegen den Willen meines Vaters in mein späteres Elend.

Defoe, Daniel: Robinson Crusoe. Hamburg: Hamburger Lesehefte Verlag, o. J., Nr. 116, S. 1.

1 zu keiner ernsthaften Beschäftigung angehalten: zu keiner Arbeit verpflichtet
2 bei Jahren: alt

M 3 Klappentext zum Roman

Als es den englischen Kaufmann und Seefahrer nach einem Schiffbruch als einzigen Überlebenden auf eine unbewohnte Insel verschlägt, ahnt er noch nicht, dass er dort für die nächsten 28 Jahre seine eigene Welt erschaffen muss. Mit Ausdauer, Geschicklichkeit und Willenskraft kämpft er ums Über-
5 leben, gegen Unwetter, Kannibalen und die Einsamkeit …

Klappentext zu der Ausgabe „Robinson Crusoe" von Daniel Defoe, Würzburg: ArenaVerlag, 2004.

M 4 Robinsons Alltag

Robinson baut sich eine kleine Festung, in deren Schutz er lebt. Er beginnt, Getreide anzubauen, zu jagen und Kleidung aus den Fellen wilder Ziegen herzustellen. Etwa am zwölften Tag nach seiner Landung errichtet er ein großes Kreuz, in das er den 30. September 1659 als Datum seiner Ankunft auf der Insel einritzt, und beschließt, fortan jeden Tag eine Kerbe in das Kreuz zu ritzen. Auch führt er ein Tagebuch, bis ihm schließlich die Tinte ausgeht. Seine Festung rüstet er mit vom Schiff gerettet en Musketen[3] aus. All dies tut er mit äußerster Vorsicht, da er sich auf der Insel nicht sicher fühlt.

http://de.wikipedia.org/wiki/Robinson_Crusoe, Seitenaufruf am 07.02.2012

3 Musketen: Handfeuerwaffen

M 5 Robinson und Robinsonaden

So ist es allen Robinsonaden gemein, dass als Grundsituation die Einsamkeit auf einer Insel variiert wird. […] Ob als Bilderbuch, Kinderbuch, Krimi, Comic, Manga, Fernsehfilm, Kinokassenschlager, Hörstück oder selbst als Oper: Für Kinder – Uwe Timm ‚Der Schatz auf Pagensand' – als auch für Erwachsene – Stephen King ‚Der Überlebenstyp' – scheinen Stoff und Thema spannend und tragen so zum Weiterleben der Robinsonaden bis heute bei.

http://www.erzwiss.unihalle.de/gliederung/grund/schulz/Material/Abenteuer/Robinsonade%20gesamt.doc; Seitenaufruf am 07.02.2012

M 6 Tabelle mit Daten zum Roman und zur historischen Vorlage

	Roman von Defoe	historische Vorlage
Name	Robinson Crusoe	Alexander Selkirk
Alter zu Beginn	18 Jahre	24 Jahre
Beruf	Seemann und Kaufmann	Seemann und Pirat
Zeit auf Insel	1659–1687	1704–1709
Inselname und -lage	unbekannte Insel in der Karibik (Mittelamerika)	Isla Más a Tierra vor der Küste Chiles (Südamerika)
Grund für Aufenthalt auf Insel	• erleidet nach starkem Sturm Schiffbruch	• glaubt, dass sein Schiff wegen starker Beschädigung sinken wird • kann seine Mannschaft nicht davon überzeugen • wird von seinem Kapitän auf der Insel allein zurückgelassen
Ausrüstung	• Muskete samt Schießpulver • ein Messer • Tinte • ein Tagebuch	• Muskete samt Pulver • Tabak und ein Feuerstein • ein Beil und ein Messer • eine Bibel

Das Material basiert auf Informationen von nachstehenden Internetadressen: http://www.wasistwas.de/sportkultur/alleartikel/artikel/link//b260515764/browse/5/article/robinsoncrusoe.htm, http://literaturnetz.org/11969; Seitenaufruf am 07.02.2012

M 7 Fünf Monate einsame Insel: Robinson Crusoe light (Zeitschriftenartikel)

Türkisblaues Wasser, weißer Strand, völlige Einsamkeit: Auf einer winzigen Fidschi-Insel machte Adrian Hoffmann fünf Monate lang seinen Aussteiger-Traum wahr.

„Unser Paradies ist etwa 400 Meter lang und 200 Meter breit. Auf der Land-
5 karte ist es so groß wie ein Sandkorn. Von den mehr als 300 Fidschi-Inseln gehört diese zu den kleinsten, zwei Stunden Bootsfahrt sind es bis zur nächstgrößeren Insel. In zehn Minuten sind wir einmal drum herum gelaufen. Wir, das sind meine Frau Nina und ich, zwei Mittzwanziger aus Heilbronn auf der Suche nach völliger Abgeschiedenheit in der Natur.
10 Hinter den Palmen verbirgt sich ein in die Jahre gekommenes Holzhaus, das fünf Monate lang unser Zuhause sein wird. Es ist eine Art Robinson-Crusoe-Erlebnis in der Softversion. Freiwillig und dazu mit Solarenergie, die wir für einen Kühlschrank nutzen, der so groß ist wie ein Zimmertresor. Der Verzicht auf westlichen Luxus ist Gewöhnungssache. Wir duschen mit
15 Regenwasser aus einer Blechschale, benutzen ein Plumpsklo und kochen mehrmals am Tag Wasser ab, damit wir es trinken können.
Nur einmal gerät unser Unternehmen in Gefahr: An meinem rechten Oberschenkel entzündet sich eine Wunde. Keine Ahnung, wie es dazu kam. Wenn wir das nicht in den Griff bekommen hätten, hätten wir ein Problem
20 gehabt. Die Reise zu einem Krankenhaus dauert mindestens einen Tag. Ob sie dort qualifizierte Ärzte haben, ist fraglich. Wer sich für die einsame Insel entscheidet, muss eben ein gewisses Risiko eingehen."

http://www.spiegel.de/reise/fernweh/0,1518,druck-642124,00.html; Seitenaufruf am 07.02.2012

D Prüfungsaufgaben zum Themenbereich „Recht und Gerechtigkeit"

In diesem Kapitel kannst du mehrere Prüfungsbeispiele zu dem Thema „Recht und Gerechtigkeit" bearbeiten. Notiere die benötigte Arbeitszeit (siehe Seite 6).

D 1 Leseverstehen: Menschenrechte – Grundrechte – Bürgerrechte (angeleitetes Üben)

Teil I

Lies zunächst den Text sorgfältig durch. Bearbeite anschließend die Aufgaben ❶ – ⓭.

Menschenrechte – Grundrechte – Bürgerrechte

Der Gedanke von Menschen-, Grund- und Bürgerrechten ist schon in der Antike entstanden. Erstmals wurden die Menschenrechte verfassungsrechtlich in der Habeas-Corpus-Akte in England im 17. Jahrhundert genannt. Im 19. Jahrhundert wurden sie in fast alle europäischen Verfassungen aufgenommen. Nach dem 2. Weltkrieg verabschiedeten die Vereinten Nationen im Dezember 1948 die allgemeine Erklärung der Menschenrechte. Ziel der Erklärung ist es, für Menschenrechte und fundamentale bürgerliche Freiheiten einzutreten und sie zu fördern. Im Folgenden werden außer dem Begriff Menschenrechte auch die Begriffe Grundrechte und Bürgerrechte benutzt. Um diese richtig anzuwenden, müssen zuerst ihr Inhalt und ihre Bedeutung geklärt werden.

Menschenrechte stehen jedem Menschen von Geburt an zu. Dazu gehören das Recht auf Leben, auf Freiheit und körperliche Unversehrtheit, das Recht auf Glaubens- und Meinungsfreiheit, die Gleichheit vor dem Gesetz und die Gleichheit von Mann und Frau. Persönliche Freiheit bedeutet, dass jeder dort leben und arbeiten kann, wo und wie er will. Körperliche Unversehrtheit heißt, dass Menschen von staatlichen Organen (z. B. von der Polizei) nicht gefoltert oder willkürlich geschlagen werden dürfen. Kein Mensch und auch keine Regierung kann einem Menschen diese Rechte absprechen. Verbunden damit ist gleichsam ein doppelter Auftrag: Jeder hat die Würde der eigenen wie die der anderen Personen zu achten. Menschliches Zusammenleben kann nur gelingen, wenn jeder die Rechte, die er für sich beansprucht, auch jedem anderen zubilligt und sich für diese wie für die eigenen einsetzt. Für die Gesellschaft und den Staat heißt dies, dass sie Menschenrechte nicht festzulegen oder zu gewähren haben, sondern diese von vornherein als „von der Natur gegeben" zu betrachten sind.

Grundrechte sind im Verhältnis zu den Menschenrechten demnach nichts anderes oder gar Gegenteiliges; vielmehr sind sie die in einer Verfassung, im Grundgesetz der Bundesrepublik Deutschland, zugesicherten und festgeschriebenen Menschenrechte. Im Grundgesetz wird zum Beispiel bestimmt, welche Rechte Bürger haben und welche Aufgaben und Befugnisse Regierung und Parlament haben. Die meisten Grundrechte stehen allen Menschen, die in Deutschland leben, zu; einige Rechte aber nur deutschen Bürgern.

Diese besondere Ausprägung der Grundrechte sind die Bürgerrechte. Üblicherweise meint man damit die Grundrechte, die nur den Staatsbürgern im Sinne des Grundgesetzes,

75 also „allen Deutschen" zustehen. Dies sind die Artikel 8 (Versammlungsfreiheit), Artikel 9 (Vereinigungsfreiheit), Artikel 11 (Freizügigkeit) und 12 (Berufsfreiheit).
80 Teile dieser Grundrechte können per Gesetz für „Nicht-Deutsche" eingeschränkt werden.
Alle Bürger können sich an das Bundesverfassungsgericht wenden, wenn
85 sie glauben, dass ihre Grundrechte durch einen Übergriff des Staates verletzt werden. In unserer computerisierten Welt wird der Schutz vor Datenmissbrauch zu einem im-
90 mer wichtigeren Freiheitsrecht des Einzelnen. Das Bundesverfassungsgericht hat entschieden, dass jeder das Recht hat, selbst zu entscheiden, welche persönlichen Daten er wem
95 zur Verfügung stellt. Dieses Recht wird als das Recht auf informelle Selbstbestimmung bezeichnet und wurde in den Rang eines Grundrechtes erhoben. Darum wurde ein Bundesdatenschutzgesetz erlassen, 100 das den Umgang mit personenbezogenen Daten regelt. Dort ist festgelegt, dass staatliche Stellen nur solche Daten speichern dürfen, die zur Erfüllung von Aufgaben unbedingt 105 notwendig sind. Deshalb haben alle Bürger das Recht auf Auskunft über gespeicherte Daten zu ihrer Person und können verlangen, dass falsche Angaben sofort gelöscht werden. Da 110 es in den nächsten Jahren immer wieder zu Veränderungen in den Datenschutzgesetzen kommen wird, kann man jetzt schon vorhersagen, dass sich das Bundesverfassungsge- 115 richt mit diesem Grundrecht auch in Zukunft wieder beschäftigen muss.

Lösungshilfen zu ❶ – ⓭

1. Nicht gleich auf die Aufgaben stürzen! Erschließe zuerst den Text wie in B 3:
   • Kläre unbekannte Wörter und Ausdrücke aus dem Textzusammenhang.
   • Unterstreiche wichtige Schlüsselstellen.
   • Bilde Sinnabschnitte und formuliere dazu Überschriften oder Stichwörter.
   Du findest dann zu den Aufgaben schnell die Textstellen.

Aufgaben ❶ – ⓭

❶ Welche der Aussagen a) – d) ist richtig? Beziehe dich dabei auf den Text.
Kreuze die richtigen Antworten an.

TIPP zu ❶

Suche die betreffenden Textpassagen aus dem Text „Menschenrechte – Grundrechte – Bürgerrechte" heraus und unterstreiche sie. Vergleiche die Aussagen mit den Sätzen a) bis d) und überlege, ob sie übereinstimmen. Achte genau auf den Wortlaut und auf die Satzzeichen.

	trifft zu	trifft nicht zu
a) Menschenrechte haben eine lange Geschichte.	⊗	○
b) Menschenrechte sind naturgegeben.	○	⊗
c) Grundrechte sind in einer Verfassung aufgeschriebene Menschenrechte.	○	⊗
d) Bürgerrechte gelten für alle Menschen, die in Deutschland wohnen.	○	⊗

D 1 Prüfungsaufgaben | Recht und Gerechtigkeit | Leseverstehen   93

2 Gliedere den Text in fünf Sinnabschnitte und finde passende Zwischenüberschriften.

	Abschnitt	Zeilen	Zwischenüberschrift
a)	1	Z. 1–22	Geschichte der Menschenrechte
b)	2	23–54	Die Menschenrechte sind Natur gegeben
c)	3	55–69	Grundrechte sind Menschenrechte in einer Verfassung
d)	4	70–85	Bürgerrechte sind Grundrechte in einer Verfassung
e)	5	86–17	Das Recht auf informelle Selbstbestimmung

TIPP zu 2

In Aufgabe 1 hast du schon die Vorarbeit geleistet.
Wenn deine Anzahl von Sinnabschnitten abweicht, fasse Abschnitte zusammen oder teile sie weiter auf.

3 Betrachte die Karikatur genau und kreuze die richtige Aussage an.

Quelle: Tom Körner, Berlin

Die vorliegende Zeichnung …	trifft zu	trifft nicht zu
a) hat nichts mit der Aussage des Textes „Menschenrechte – Grundrechte – Bürgerrechte" zu tun.	⊗	○
b) spielt auf ein häufig anzutreffendes Vorurteil an.	⊗	○
c) unterstützt die durch den Text vorgenommene Kritik am Umgang mit Menschenrechten.	○	⊗
d) zeigt eine Auswirkung des Rechts auf informelle Selbstbestimmung.	○	⊗

4 Wähle aus a)–d) einen Satz aus und begründe, warum dieser Satz zutreffend oder nicht zutreffend ist.

Die Zeichnung zeigt eine häufige zutreffenden Vorurteil gegenüber dunkelhäutigen Menschen.

D 1 Prüfungsaufgaben | Recht und Gerechtigkeit | Leseverstehen

> **TIPP** zu ❺ bis ❼
>
> Der Wortlaut dieser Aufgabenstellungen gibt dir den Hinweis darauf, dass es mehrere richtige Lösungsmöglichkeiten geben kann. Also musst du evtl. auch mehrere Kreuze setzen.

❺ Welche der folgenden Aussagen passen zum Text? Kreuze die richtigen Aussagen an.

a)	Jeder muss die Rechte des anderen beachten und darf sie nicht verletzen.	X
b)	Grundrechte sind genauso wie Menschenrechte unveränderlich.	X
c)	Die Bürger haben die Möglichkeit, sich bei einer Verletzung der Grundrechte durch den Staat an das Bundesverfassungsgericht zu wenden.	X
d)	Erst 1948 wurden die Menschenrechte erstmals schriftlich in einem Dokument festgehalten.	

❻ Im Text wird das Recht auf informelle Selbstbestimmung erklärt. Kreuze die richtigen Antworten an.

a)	Das Recht auf informelle Selbstbestimmung bedeutet, dass jeder selbst entscheiden kann, welche Daten er wem zur Verfügung stellt.	X
b)	Der Staat kann dieses Recht durch ein Gesetz teilweise einschränken.	X
c)	Staatliche Stellen dürfen zur Erfüllung ihrer Aufgaben unbegrenzt Daten speichern.	
d)	Das Recht auf informelle Selbstbestimmung ist kein Grundrecht.	

❼ „Menschliches Zusammenleben kann nur gelingen, wenn jeder die Rechte, die er für sich beansprucht, auch jedem anderen zubilligt und sich für diese wie für die eigenen einsetzt." (Z. 43–48)
Kreuze die richtigen Aussagen über diesen Satz an.

a) Der Satz enthält keinen Relativsatz. ◯

b) Dieser Satz ist ein Satzgefüge, in dem mehrere Nebensätze enthalten sind. ⊗

c) Der „Wenn-Satz" stellt eine Bedingung auf. ⊗

d) Der Hauptsatz steht am Anfang. ⊗

❽ Im Text werden einige Menschenrechte genannt und zwei werden mit Beispielen genauer erklärt. Wähle ein weiteres Menschenrecht aus und erkläre es mithilfe eines eigenen Beispiels.

Die gleichheit vor dem Gericht! Jeder Mensch kann vor Gericht auf seine Recht klagen.

TIPP zu ⑨

Schau dir zur Bearbeitung dieser Aufgabe die im Text verwendete Sprache und die Aussagen noch einmal genau an. Markiere Fachausdrücke, Zitate und kommentierende Ausdrücke, sofern sie vorhanden sind.

⑨ Beachte genau, wie der Text geschrieben ist. Eine der folgenden Aussagen über die Art, wie der Text geschrieben wurde, ist falsch. Kreuze die falsche Aussage an.

Der vorliegende Text …

a) ist in einer wissenschaftlichen Fachsprache geschrieben. ○

b) wurde mit der Absicht geschrieben, die Leser zu unterhalten. ⊗

c) verdeutlicht manchmal mithilfe von Beispielen die Aussagen des Textes. ○

d) ist klar gegliedert. ○

TIPP zu ⑩

Bei dieser Aufgabe wird überprüft, ob du verstanden hast, warum der Autor den Text verfasst hat. Du musst also überlegen, wie der Text auf dich wirkt. Auch hier gibt es wieder mehrere richtige Antworten.

⑩ Welche Absicht verfolgt der Verfasser des Textes? Beachte genau, was im Text steht, und kreuze die richtigen Lösungen an.

a) Der Autor möchte mit dem Text „Menschenrechte – Grundrechte – Bürgerrechte" über die rechtliche Situation in Deutschland informieren. ○

b) Er will davor warnen, welche Folgen die Verletzung von Menschenrechten hat. ○

c) Der Verfasser will den Lesern die unterschiedlichen Begriffe erklären und erläutern. ⊗

d) Das Recht auf informelle Selbstbestimmung stellt er heraus, weil durch das Internet immer mehr Daten verfügbar werden. ⊗

⑪ Die Überschrift des vorliegenden Textes heißt „Menschenrechte – Grundrechte – Bürgerrechte". Überlege, ob du diese Überschrift passend findest, und begründe deine Meinung.

○ Ja, ich finde die Überschrift passend, weil sie ganz deutlich macht dass es in Text um die verschiedenen Begriffe geht, die gegenübergestellt werden sollen und damit erklärt werden

○ Nein, ich finde die Überschrift nicht passend, weil _____

12 Ein Mitschüler sagt: „*Was helfen den Menschen in Afrika die Menschenrechte, wenn sie verhungern.*"
Nimm Stellung zu diesem Satz.

Mit dieser Aussage hat der Mitschüler leider recht den es gibt ständig menschen den die Menschenrechte nicht zur hilfe kommen.

13 Eine Schülerin äußert sich über diesen Artikel:
„*Der vorliegende Text ist mir zu theoretisch. Es fehlen mir verständliche Beispiele, die mir vieles deutlicher machen. So ist der Text für Schüler zu langweilig.*"
Bist du auch dieser Meinung? Begründe deine Meinung, indem du dich auf den Text beziehst.
Beide Antworten sind möglich. Es kommt darauf an, wie du deine Meinung begründest.

○ Ja, ich bin auch dieser Meinung.   ⊗ Nein, ich bin nicht dieser Meinung.

Begründung: *der Text erklärt hervorragend die Allgemeine Information über Grund- Menschen- und Bürgerrechten.*

Auswertung

1. Wie viel Zeit hast du zur Bearbeitung der Aufgaben benötigt? _____ Minuten

2. Welche Aufgabenart ist dir leicht- oder schwergefallen?

	leicht	mittel	schwer
• Aussagen mit Text vergleichen ❶ a)–d)	○	○	○
• Sinnabschnitte bilden und Zwischenüberschriften formulieren ❷	○	○	○
• Aussagen mit Karikatur vergleichen ❸/❹	○	○	○
• Aussagen des Textes verstehen und herausschreiben bzw. ergänzen ❺/❻	○	○	○
• Aufbau eines Satzes und Zusammenhänge in einem Satz erkennen ❼	○	○	○
• Textaussagen mit einem Beispiel verdeutlichen ❽	○	○	○
• Gesamttext beurteilen ❾	○	○	○
• Aussagen des Textes verstehen und umschreiben ❿	○	○	○
• Wahl der Überschrift erklären und begründen ⓫	○	○	○
• Aussagen des Textes verstehen und weiterdenken ⓬	○	○	○
• Zu Aussagen über den Text Stellung nehmen ⓭	○	○	○

D 2 Aufgabentyp 4a: Bertolt Brecht: Der Augsburger Kreidekreis (angeleitetes Üben)

Teil II

1 **Analysiere** den Textauszug „Der Augsburger Kreidekreis" von Bertolt Brecht. Schreibe einen zusammenhängenden Text. Gehe dabei so vor:
a) **Formuliere** eine Einleitung, in der du Titel, Autor und Thema **nennst**.
b) **Fasse** den Inhalt der Erzählung **zusammen**.
c) **Erkläre**, welche Grundauffassung über die „rechte Mutter" den Richter zu der Demonstration mit dem Kreidekreis veranlasst.
d) **Erläutere**, welche Absicht Bertolt Brecht mit seiner Geschichte verfolgt, und zeige anhand von Textstellen, mit welchen Mitteln er diese Zielsetzung erreicht.

2 Wäre eine Beweisführung wie in dieser Geschichte heutzutage vor Gericht haltbar?
Nimm Stellung zu dieser Frage und **begründe** deine Meinung.

Der Augsburger Kreidekreis (Auszug) — Bertolt Brecht

Vorgeschichte:
Die Frau des Gerbers Zingli aus Augsburg flieht während des Dreißigjährigen Krieges überstürzt vor den feindlichen Truppen und läßt ihr Kind dabei zurück. Die Magd Anna rettet das Kind unter Lebensgefahr und nimmt es zu sich wie ihr
5 *eigenes. Mehrere Jahre später kommt Frau Zingli zurück und holt das Kind ohne Wissen Annas zu sich, Anna aber will das Kind behalten. Der Fall landet vor Gericht, die Aussagen widersprechen sich und der Richter Dollinger muß schließlich ein Urteil fällen.*

Die Leute sahen sich verblüfft an,
10 und einige reckten die Hälse, um einen Blick auf den hilflosen Richter zu erwischen. Es blieb aber sehr still im Saal, nur von der Straße herauf konnte man die Menge hören. Dann
15 ergriff der Richter wieder seufzend das Wort.
„Es ist nicht festgestellt worden, wer die rechte Mutter ist", sagte er. „Das Kind ist zu bedauern. Man hat schon
20 gehört, daß die Väter sich oft drücken und nicht die Väter sein wollen, die Schufte, aber hier melden sich gleich zwei Mütter. Der Gerichtshof […] ist zu der Überzeugung gelangt,
25 daß beide wie gedruckt lügen. Nun ist aber, wie gesagt, auch noch das Kind zu bedenken, das eine Mutter haben muß. Man muß also, ohne auf bloßes Geschwätz einzugehen, feststellen,
30 wer die rechte Mutter des Kindes ist."
Und mit ärgerlicher Stimme rief er den Gerichtsdiener und befahl ihm, eine Kreide zu holen.
Der Gerichtsdiener ging und brachte
35 ein Stück Kreide. „Zieh mit der Kreide da auf dem Fußboden einen Kreis, in dem drei Personen stehen können", wies ihn der Richter an. Der Gerichtsdiener kniete nieder und zog mit der
40 Kreide den gewünschten Kreis. „Jetzt bring das Kind!", befahl der Richter. Das Kind wurde hereingebracht. Es fing wieder an zu heulen und wollte zu Anna. Der alte Dollinger küm-
45 merte sich nicht um das Geplärr und hielt seine Ansprache nur in etwas lauterem Ton.
„Diese Probe, die jetzt vorgenommen wird", verkündete er, „habe ich in
50 einem alten Buch gefunden, und sie gilt als recht gut. Der einfache Grundgedanke der Probe mit dem Kreidekreis ist, daß die echte Mutter an ihrer Liebe zum Kind erkannt wird. Also

55 muß die Stärke dieser Liebe erprobt werden. Gerichtsdiener, stell das Kind in diesen Kreidekreis." Der Gerichtsdiener nahm das plärrende Kind von der Hand der Amme und führte es
60 in den Kreis. Der Richter fuhr fort, sich an Frau Zingli und Anna wendend: „Stellt auch ihr euch in den Kreidekreis, faßt jede eine Hand des Kindes, und wenn ich ‚los' sage, dann
65 bemüht euch, das Kind aus dem Kreis zu ziehen. Die von euch die stärkere Liebe hat, wird auch mit der größeren Kraft ziehen und so das Kind auf ihre Seite bringen."
70 Im Saal war es unruhig geworden. Die Zuschauer stellten sich auf die Fußspitzen und stritten sich mit den vor ihnen Stehenden. Es wurde aber wieder totenstill, als die beiden Frauen in
75 den Kreis traten und jede eine Hand des Kindes faßte. Auch das Kind war verstummt, als ahnte es, um was es ging. Es hielt sein tränenüberströmtes Gesichtchen zu Anna emporgewen-

det. Dann kommandierte der Richter 80 „los". Und mit einem einzigen heftigen Ruck riß Frau Zingli das Kind aus dem Kreidekreis. Verstört und ungläubig sah Anna ihm nach. Aus Furcht, es könne Schaden erleiden, 85 wenn es an beiden Ärmchen zugleich in zwei Richtungen gezogen würde, hatte sie es sogleich losgelassen. Der alte Dollinger stand auf. „Und somit wissen wir", sagte er laut, „wer die 90 rechte Mutter ist. Nehmt der Schlampe das Kind weg. Sie würde es kalten Herzens in Stücke reißen."
Und er nickte Anna zu und ging schnell aus dem Saal, zu seinem Früh- 95 stück. Und in den nächsten Wochen erzählten sich die Bauern der Umgebung, die nicht auf den Kopf gefallen waren, daß der Richter, als er der Frau […] das Kind zusprach, mit den Au-100 gen gezwinkert habe.

aus: Bertolt Brecht. Große kommentierte Berliner und Frankfurter Ausgabe, Band 18, Prosa 3. © Suhrkamp Verlag, Frankfurt am Main 1995 (in alter Rechtschreibung)

Lösungshilfen zu ❶ b)

1. Führe die ersten beiden Bearbeitungsschritte durch (B 7, Seite 47).

2. Unterteile den Text in Abschnitte und formuliere dazu zusammenfassende Überschriften.

   Teil 1: Z. 1–8: Die Magd Anna rettet das Kind und nimmt es bei sich auf.

   Teil 2: Z. 9–30: Der Richter erklärt, dass er die „rechte Mutter" …

   Teil 3: …

Lösungshilfen zu ❶ c)

3. An welchen Bemerkungen des Richters ist zu erkennen, auf wessen Seite er steht?

D 2 Prüfungsaufgaben | Recht und Gerechtigkeit | Aufgabentyp 4a | 99

4. Warum ist der Richter verärgert?
_____
_____

Lösungshilfen zu ❶ d)

5. Woran liegt es, dass die Geschichte unterhaltsam und spannend ist?
_____
_____
_____

6. Der Richter verwendet eine List. Worin besteht diese?
_____
_____

7. Die Erzählung wirkt wirklichkeitsnah. Welche erzählerischen Mittel sind dafür ausschlaggebend?

TIPP zu 5.–7.

Zu den Merkmalen erzählender Texte und Mittel (→ Glossar) zählen:
- Perspektive,
- wörtliche Rede,
- Zeit- und Ortsangaben.

_____
_____
_____
_____
_____

8. Was will der Autor bei den Lesern dieser Erzählung erreichen? Kreuze an und begründe deine Entscheidung.
   Er will die Leser
   ○ unterhalten.   ○ informieren.   ○ belehren.   ○ warnen.

   Begründung:
   _____
   _____
   _____

9. Inwiefern ist die Geschichte lehrreich?
   • für die beiden Frauen?
   _____

   • für das Publikum?
   _____
   _____

Lösungshilfen zu ❷

10. Wie kommt der Richter zu einer Entscheidung?

    _____
    _____
    _____

11. Wie müsste ein Richter heute vorgehen?

    _____
    _____
    _____

12. Vergleiche beide Vorgehensweisen des Richters (Erzählung – heute) und notiere stichwortartig Begründungen für ihr Verhalten.

Richter in der Erzählung	Richter heute
• ...	• ...

Lösungshilfen zum Schreiben

13. Überprüfe den vorliegenden Schreibplan und ändere ihn nach deinen Vorstellungen.

    Schreibplan

    Einleitung: Erzählung von ...

    Hauptteil:
    - Kurze Wiedergabe des Inhalts
    - Grundauffassung des Richters
    - ...

    Schluss: Stellungnahme zur Frage

14. Formuliere deinen Text nach deinem Schreibplan auf einem Extrablatt.

15. Überarbeite ihn nach der Checkliste (siehe B 7, Seite 54).

D 3 Aufgabentyp 4a: Die Prinzen: Ungerechtigkeit (angeleitetes Üben)

Teil II

Schreibe einen zusammenhängenden Text.

❶ Analysiere den Liedtext „Ungerechtigkeit" von der Gruppe „Die Prinzen" und berücksichtige dabei folgende Arbeitsschritte:
   a) **Formuliere** eine Einleitung, in der du Titel, Autoren, Textart und Thema **nennst**.
   b) **Fasse** den Inhalt des Textes mit eigenen Worten **zusammen**.
   c) **Stelle dar**, was im Text für ungerecht und gerecht gehalten wird, und **erläutere** widersprüchliche Aussagen.
   d) **Erkläre**, wie die Absicht der „Prinzen" durch sprachliche und formale Mittel unterstützt wird. **Belege** deine Angaben mit Textstellen.

❷ Im Text heißt es „*Ungerechtsein ist in jedem Fall schlecht, sogar ich war schon mal ungerecht*" (Zeile 32/33). **Nimm Stellung** zu dieser Aussage und **begründe** deine Meinung.

Ungerechtigkeit
Die Prinzen

Ich ess' den ganzen Tag Gemüse
Und ich trink nur Cola-Light
Trotzdem wird mein Hintern breiter –
Das ist Ungerechtigkeit
5 Ich hab ein Mädchen eingeladen,
Letzten Freitag war's soweit
Doch dann kam ihr großer Bruder –
Das ist Ungerechtigkeit

Ungerechtigkeit
10 Geht manchmal echt zu weit
Deswegen werd' ich bald
Ungerechtigkeitsanwalt
Ungerechtigkeit
Geht manchmal echt zu weit
15 Ich verdien' daran nicht schlecht
Das finde ich gerecht

Wenn ihr im Supermarkt geklaut habt
Und völlig unverdächtig seid
Und eine Oma wird verhaftet –
20 Das ist Ungerechtigkeit
Wenn ein unbegabter Lehrer
Statt zu reden nur noch schreit
Und die Schüler werden heiser –
Das ist Ungerechtigkeit

25 Ungerechtigkeit …

Lyrisches Ich ernährt sich gesund, wird dennoch dick

Ungerechtigkeiten
Gab es schon zu allen Zeiten
Keiner hat den Berechtigungsschein
Welcher berechtigt zum Ungerechtsein
30 Ungerechtigkeiten
Kann ich überhaupt nicht leiden
Ungerechtsein ist in jedem Fall schlecht
Sogar ich war schon mal ungerecht

Ungerechtigkeit …

Die Prinzen: Ungerechtigkeit. © 2001 by Moderato Musikproduktion GmbH / BMG Rights Management GmbH / SMPG Publishing (Germany) GmbH / Landvogt Musikverlag GbR

Lösungshilfen zu ❶ a) und b)

1. Führe die ersten Schritte „Sich orientieren" und „Text lesen und Inhalt erfassen" durch (siehe B 8, Seite 55). Halte deine Notizen (z. B. zu Thema und Textsorte) auf einem Extrablatt fest.

Lösungshilfen zu ❶ c)

2. Bereite die Zusammenfassung vor, indem du zu jeder Strophe am Rand Stichwörter notierst.

3. In dem Liedtext werden Beispiele genannt, was das Lyrische Ich als ungerecht und gerecht empfindet. Markiere diese Beispiele, schreibe sie heraus und stelle sie auf einem Extrablatt in einer Tabelle zusammen.

Beispiele für Ungerechtigkeit	Beispiele für Gerechtigkeit
Strophe 1 + Refrain: – trotz kalorienbewusster Ernährung dicker werden (Z. 1–4) – …	
Strophe 2 + Refrain: – …	
Strophe 3 + Refrain: – …	

4. Wo findest du widersprüchliche Aussagen über Gerechtigkeit bzw. Ungerechtigkeit? Markiere sie in der Tabelle und begründe, warum sie sich widersprechen.

_____
_____
_____

Lösungshilfen zu ❶ d)

5. Erkläre, welche Absicht die Prinzen mit ihrem Lied verfolgen.
   Kreuze an.
   ○ Warnung   ○ Unterhaltung   ○ Aufklärung
   ○ Veralberung   ○ Aufforderung   ○ gar nichts
   ○ Bewusstmachung ○ Verharmlosung

6. Begründe deine Einschätzung, indem du Sprache und Form des Textes untersuchst.
   a) An welchen Stellen wird übertrieben?

   _____
   _____
   _____
   _____

   b) Wo erkennst du Ironie (siehe Glossar)?

   _____
   _____
   _____

   c) An welchen Stellen wird Umgangssprache verwendet?

   _____
   _____

   d) Welche Wortneuschöpfungen erkennst du?

   _____
   _____

   e) Wo gibt es Wiederholungen und warum?

   _____
   _____
   _____

   f) Notiere weitere sprachliche und formale Mittel (z. B. Reimschema, Refrain, …).

   _____
   _____

7. Aus welcher Perspektive ist der Text geschrieben? Begründe, warum die Autoren des Liedtextes sie gewählt haben.

_____

_____

Lösungshilfen zu ❷

8. Wie verstehst du die Zeile „*Ungerechtsein ist in jedem Fall schlecht, sogar ich war schon mal ungerecht*" (Zeile 32/33)?

_____

_____

9. Stimmst du dieser Aussage zu oder nicht?

_____

10. Begründe deine Meinung und nenne dazu Beispiele.

_____

_____

_____

Lösungshilfen zum Schreiben

11. In der rechten Spalte unten findest du mögliche Gliederungspunkte. Ordne sie in richtiger Reihenfolge der Einleitung, dem Hauptteil und dem Schluss zu. Lege auf einem Extrablatt einen Schreibplan an.

Schreibplan

Einleitung:
_____

Hauptteil:
_____
_____
_____

Schluss:
_____

A Absicht mit Untersuchungsergebnissen zur Form und Sprache verdeutlichen

B Angaben zum Liedtext und zur Thematik

C Stellung nehmen (Aufgabe 2)

D Aussagen über Gerechtigkeit/Ungerechtigkeit darstellen

E Kurze Wiedergabe des Inhalts

12. Schreibe den Text nach deinem Plan auf ein Extrablatt.

13. Überarbeite deinen Text nach der Checkliste auf Seite 62.

D 4 Aufgabentyp 4a: Textauszug aus Rafik Schami: Eine Hand voller Sterne (selbstständiges Üben)

Teil II

Lies bitte zunächst den Text, bevor du die Aufgaben bearbeitest.
Schreibe einen zusammenhängenden Text.

1 Analysiere den Textauszug aus „Eine Hand voller Sterne" von Rafik Schami. Gehe dabei so vor:

Schreibe eine Einleitung, in der du Titel, Autor und Erscheinungsjahr benennst und das Thema formulierst.

Fasse den Inhalt des Textes kurz zusammen.

„Wir sollten ein festliches Mahl beschreiben." (Z. 5)
Untersuche, wie die beiden Schüler mit der Aufgabe und den damit verbundenen Erwartungen ihres Lehrers umgehen. Berücksichtige auch die jeweiligen Wirkungen und Folgen der Aufsätze. Erläutere, durch welche sprachlichen und formalen Besonderheiten das Dargestellte dem Leser/der Leserin vermittelt wird (mögliche Aspekte: Struktur des Textes, Gegensätze, Wortwahl, Satzbau, Aufzählungen).

2 Paul sagt nach dem Lesen des Textes: „Ich schließe mich der Einschätzung des Ich-Erzählers an, dass Chalil den besten Aufsatz der Klasse geschrieben hat."
Setze dich mit Pauls Aussage auseinander und überlege, ob du seine Einschätzung teilen kannst. Begründe deine Meinung und beziehe dich dabei auf den Text.

Quelle Aufgaben: Ministerium für Schule und Weiterbildung des Landes Nordrhein-Westfalen, Düsseldorf 2011

Eine Hand voller Sterne (Textauszug)
Rafik Schami

Rafik Schamis Roman „Eine Hand voller Sterne" erzählt die Geschichte eines 15-jährigen Jungen, der in Damaskus (Syrien) als Bäckerssohn aufwächst. Er erzählt in der Form eines Tagebuchs von der Stadt Damaskus, seinen Freunden, persönlichen Gefühlen und Erlebnissen sowie politischen Ereignissen. Am 20. März erinnert er sich an seinen alten Lehrer, der besondere Erwartungen an Aufsätze hatte.

Er wollte immer märchenhafte Feste, Geburtstage und Erlebnisse haben. Von uns hat doch noch nie jemand einen besonderen Geburtstag oder ein großes Fest erlebt.
Ich werde den Schüler nie vergessen, der meiner Meinung nach den besten Aufsatz geschrieben hat. Wir sollten ein festliches Mahl beschreiben. Wenn Gäste kommen – und sie erscheinen oft plötzlich –, teilt meine Mutter alles unter den Anwesenden auf. Ich habe das Gefühl, dass meine Mutter immer

so viel kocht, als erwarte sie Besuch. Wenn also Gäste da sind, essen wir mit ihnen, und mein Vater trinkt aus Liebe zum Besucher einen zweiten Arrak[1], damit der Gast auch etwas trinkt.

Wenn ich das ehrlich geschrieben hätte, wäre nicht einmal eine Vier dabei rausgekommen. Ich rannte also zu Onkel Salim, denn er hat mit seiner Kutsche viele feine Gäste zu Feiern und Festen gebracht. Dort ist er oft in die Küche geschlichen und hat mit den Köchen und dem Hauspersonal gegessen. Er konnte mir genau beschreiben, was und wie alles serviert wurde, was die Leute trinken und worüber sie reden. Onkel Salim ließ einige Paschas[2] und Prinzen aufmarschieren, die es in Syrien nicht mehr gibt, aber die habe ich durch den Polizeivorsteher und sogar durch einen Richter ersetzt (kein Richter hat unsere Wohnung je gesehen!). Meine Mutter hat ihnen angeblich eine gebratene Gazelle[3], gefüllt mit Mandeln, Reis und Rosinen, serviert. Ich vergaß auch nicht, die lobenden Worte des Richters über die Küche und den Arrak meiner Eltern zu erwähnen. Es war komisch, ein trockenes Brot für die Pause im Schulranzen[4] zu haben und von gebratenen Gazellen zu sprechen. Keiner meiner Mitschüler lachte, sie schauten mich eher mit offenem Mund an. Ich bekam eine Zwei und hörte genauso verblödet den Geschichten über die Feiern der anderen zu, wo auf einmal Bischöfe, Generäle, Dichter und Händler sich die Hände in unseren ärmlichen Buden reichten.

Nur Chalil spielte nicht mit. Als er an die Reihe kam, erzählte er, was passiert war, als er seine Eltern gefragt hatte, was ein Festessen sei. Seine Mutter war gleich ins Schwärmen geraten und dabei gleich auf ihr Pech zu sprechen gekommen, so einen armen Mann geheiratet zu haben, obwohl sie als junges Mädchen von viel reicheren umworben worden sei. Der Vater hatte zornig und verletzt reagiert und gesagt, dass er schon längst ein reicher Mann wäre, wenn er nicht dauernd ihre gefräßige Familie (zwölf Geschwister, Vater, Mutter und den Großvater) durchfüttern müsste. Sein Kollege habe eine gute Frau und mit demselben Gehalt haben sie inzwischen zwei Häuser gebaut. Die Mutter hat den Vater angeschrien, dass ihre Eltern immer viel mitbringen, wenn sie kommen, und dass er sich lieber keinen Arrak kaufen solle. Dann hätte er schon längst die Groschen[5] zusammenkratzen und sich ein Haus kaufen können. Sie haben lange gestritten und jeder von uns sah seine Familie wie in einem Spiegel.

Chalil schloss seinen Bericht mit dem Satz: „Ich habe geschworen, dass ich meine Eltern nie mehr nach einem Festessen fragen werde, damit sie sich nicht scheiden lassen!"

Der Lehrer gab ihm eine Sechs, „Thema verfehlt". Chalil kam am nächsten Tag nicht mehr. Er ist jetzt bei einem Automechaniker.

Rafik Schami: Eine Hand voller Sterne. München: Deutscher Taschenbuch Verlag, 1995, S. 10–12

1 Arrak: alkoholisches Getränk
2 Pascha: türkischer Titel für einen hohen Beamten
3 Gazelle: Tier, das in Afrika und Asien beheimatet ist
4 Schulranzen: Schultasche
5 Groschen: hier: Geld

E Prüfungsaufgaben zum Themenbereich „Stereotype – Vorurteile"

In diesem Kapitel kannst du zu dem Thema „Stereotype – Vorurteile" mehrere Prüfungsbeispiele bearbeiten. Tipps und Lösungshilfen unterstützen dich. Notiere die benötigte Arbeitszeit (siehe Seite 6).

E 1 Leseverstehen: Milchschnitten statt Zuwendung (angeleitetes Üben)

Teil I

Lies zunächst den Text sorgfältig durch und betrachte die Karikatur.
Beantworte anschließend die Aufgaben ❶ – ⓰.

M 1

**Milchschnitten statt Zuwendung –
Immer mehr Eltern leisten sich ihren Lebensstil auf Kosten der Kinder**

Wenn die 18 Schülerinnen und Schüler der Klasse 10 der gewerblichen Berufsfachschule in Marburg – Mädchen und Jungen zwischen 15 und 16 Jahren – mittags nach Hause trotten, werden die meisten von ihnen von niemandem erwartet.
5 Sie sind Selbstversorger und beklagen es nicht: „Ich finde es toll, wenn niemand da ist. Dann dreh' ich erst mal das Radio auf volle Pulle. Stört ja keinen." Oder: „Wenn niemand da ist, gibt's auch keinen Stress. Da hab' ich meine Ruhe."
Wenn dann die Eltern kommen, setzen sie sich schnell an die Hausaufgaben,
10 simulieren Fleiß. Kaum ist die Begrüßung vorüber, verabschieden sich die Kids und ergreifen die Flucht.
Gemeinsame familiäre Riten und Kommunikation sind auf ein funktionales Minimum geschrumpft. Die Jugendlichen haben ihr eigenes Leben, ihre eigene Glotze und ihre eigenen Kanäle. Die Familie ist Versorgungsstation,
15 eine Ansammlung auf Autonomie[1] bedachter Individuen, die rein zufällig unter einem Dach zusammenleben. Nun ist es für heranwachsende Jugendliche normal, sich vom Elternhaus zu lösen und eigene Wege zu gehen. Was aber Besorgnis erregt und in Kindergarten und Schule längst zum Problem geworden ist, sind die fatalen[2] Folgen dieses reduzierten Familienlebens und
20 des jahrelangen Alleinseins schon im vorpubertären Alter für die seelische, soziale und geistige Entwicklung der Kinder. Aus der „vaterlosen Gesellschaft" ist eine elternlose geworden. Der Rückzug vieler Eltern auf die Befriedigung eigener Bedürfnisse beeinträchtigt die Persönlichkeitsentwicklung und die Lebenschancen ihrer Kinder.
25 Immer weniger Jugendliche sind bereit, sich sozial zu verhalten, Regeln des Zusammenlebens einzuhalten, sich in andere hineinzuversetzen. Mit taktloser Selbstverständlichkeit klagen sie die spontane Befriedigung ihrer Grundbedürfnisse ein. Klassenfeste, die mehr bieten als Mega-Beats aus Boxen, bringen sie nicht mehr zustande. Cliquenbildung hat die Klassen-
30 gemeinschaft abgelöst. Sie haben wenig Geduld, vermeiden schwierige Aufgaben und arbeitsintensive Tätigkeiten, und sie werden schnell aggressiv. Klassenarbeiten, früher unter Zeitdruck gerade noch mit dem Pausengong

[1] Unabhängigkeit

[2] unangenehm, peinlich

fertig bekommen, werden heute von der Mehrzahl weit vor der Zeit abgeliefert. „Mir fällt nichts mehr ein." „Mein Bus fährt in fünf Minuten."
Dieser Typus ist kaum schulfähig, muss also erst für die Anforderungen der Schule sozialisiert[3] werden. Aber in dem Maße, wie die Schule zur sozialtherapeutischen Auffangstation wird, ist sie heute mit den Reparaturversuchen fehlender und missglückter Erziehung heillos überfordert.

Es ist nicht länger zu ignorieren: Die neuen Eltern leisten sich ihren Lebensstil auf Kosten ihrer Kinder. Die Konsequenz kann nicht die künstliche Wiederbelebung alter Rollenbilder und das Einklagen der Hausfrauen- und Mutterrolle früherer Zeiten sein. Aber wir müssen zur Kenntnis nehmen, dass die neuen Lebensformen keine überzeugenden Konzepte einer kindgerechten Erziehung entwickelt haben, die sich in ein gemeinschaftliches Lebenskonzept von Eltern und Kindern integrieren ließen.

Wo Eltern noch selbst gesetzte Prinzipien und Werte haben, wo sie durch eigenes Vorleben, durch Diskussion und Argumentation ihre Grundhaltung vertreten und auf die Probe stellen lassen, wachsen auch heute noch Jugendliche zu sozialen, selbstbewussten und motivierten Menschen heran, die den Verführungen der kommerziellen Unterhaltungsindustrie und dem Zeitgeist etwas Eigenes entgegenzusetzen haben – unabhängig von der weltanschaulichen Couleur[4] ihrer Eltern. Nur findet eine solche Erziehung kaum noch statt.

Kindergarten und Schule können aber kein Ersatz für familiäre Sozialisation sein, sie können nur ergänzen und Hilfestellung geben. Natürlich muss auch die Schule auf die veränderten Verhältnisse und neuen Probleme reagieren – aber unter Einschätzung ihrer realen Möglichkeiten. Wenn der Problemfall zum Normalfall wird, sind der Leistungsfähigkeit und dem Erfolg von Erziehern und Lehrern Grenzen gesetzt.

Ohnehin ist nicht ausgemacht, ob in einer pluralistischen[5] Gesellschaft staatliche Institutionen legitimiert sind, jene Erziehungsaufgaben zu übernehmen, die nach demokratischem Selbstverständnis in den individuellen Verantwortungsbereich der Familie fallen – abgesehen davon, dass über die Inhalte einer solchen Werteerziehung schon unter Pädagogen kein Konsens[6] in Sicht wäre.

Aus: Spiegel spezial 11/1996, S. 21 f.

[3] in die Gesellschaft eingeordnet

[4] Färbung, Meinung

[5] Vielfalt gleichberechtigt nebeneinander stehender Individuen

[6] Übereinstimmung, Beschluss

M 2

E 1 Prüfungsaufgaben | Stereotype – Vorurteile | Leseverstehen

Lösungshilfen zu ① – ⑯

1. Nicht gleich in die Aufgaben stürzen! Erschließe zuerst den Text:
   - Kläre unbekannte Wörter und Ausdrücke aus dem Textzusammenhang.
   - Unterstreiche wichtige Schlüsselstellen.
   - Bilde Sinnabschnitte und formuliere dazu Überschriften oder Stichwörter.
     Du findest dann zu den Aufgaben schnell die Textstellen.

2. Untersuche anschließend die Karikatur und mache dir Notizen dazu (Extrablatt):
   - Worum geht es in der Karikatur? Was kritisiert der Zeichner?
   - Erkläre, wie ihm diese Kritik gelingt.
   - Gibt es inhaltliche Gemeinsamkeiten zwischen Material 1 und Material 2?

Aufgaben ① – ⑯

① Welche der folgenden Aussagen ist richtig? Beziehe dich dabei auf den Text. Kreuze die richtigen Antworten an.

TIPP zu ①

Suche die betreffenden Textpassagen aus dem Text „Milchschnitten statt Zuwendung" heraus und unterstreiche sie. Vergleiche die Aussagen mit den unten abgebildeten Sätzen und überlege, ob sie übereinstimmen. Achte genau auf den Wortlaut und auf die Satzzeichen.

	trifft zu	trifft nicht zu
a) Im Text wird festgestellt, dass sich Eltern häufig nicht genügend um ihre Kinder kümmern.	⊗	○
b) Viele Schüler werden nach der Schule zu Hause von ihren Eltern erwartet.	○	⊗
c) Mit den Problemen, die aus dieser veränderten Erziehungssituation entstehen, ist die Schule als sozialtherapeutische Auffangstation überfordert.	⊗	○
d) Damit Jugendliche zu sozialen, selbstbewussten und motivierten Menschen heranwachsen können, müssen Eltern noch selbst gesetzte Prinzipien und Werte haben und diese vermitteln.	⊗	○

Erkläre die folgenden Begriffe mit eigenen Worten so, wie sie im Text gemeint sind.

② **Selbstversorger** (Z. 5): _Die im Text ange-sprochenen Jugendliche müssen für sich sorgen_

③ **familiäre Riten** (Z. 12): _Damit sind Gewohn-heiten in einer Familie gemeint_

④ **Werteerziehung** (Z. 64): _Erziehungsaufgaben der Familie und der Pädagogen_

TIPP zu ② bis ④

Suche die Begriffe im Text und markiere sie. Erschließe die Bedeutung dieser Wörter aus dem Zusammenhang. Formuliere mit eigenen Worten.

5–9 Gliedere den Text in sechs Sinnabschnitte und finde passende Zwischenüberschriften.

	Abschnitt	Zeilen	Zwischenüberschrift
	1	Z. 1-8	Erziehungssituation in vielen Familien (Bsp.: 10. Kl., Marburg)
5	2	9-24	Funktion der Familie daraus resultierende Veränderungen
6	3	25-34	Eigenschaften und Probleme der heutigen Jugendlichen
7	4	35-45	Probleme, die aus dem Erziehungsverhalten resultieren
8	5	46-53	Vorbildliche Eltern
9	6	54-65	Aufgabe von Kindergarten und Schule

TIPP zu 5 bis 9

In Aufgabe 1 hast du schon die Vorarbeit geleistet.
Wenn deine Anzahl von Sinnabschnitten ab-weicht, fasse Abschnitte zusammen oder teile sie weiter auf.

10 Im Text wird die Erziehungssituation in vielen Familien beschrieben. Welche negativen Folgen diese Entwicklung der Jugendlichen hat, wollte ein Schüler mit der folgenden Skizze ausdrücken:

Jugendliche werden allein gelassen ⟶ reduzierte Kommunikation ⟶ Selbstversorger: eigenes Leben ⟶ mangelndes Sozialverhalten ⟶ mangelnde Schulfähigkeit

Glaubst du, dass ihm das gelungen ist?
Begründe bitte deine Meinung. Beide Antworten sind möglich. Es kommt darauf an, wie du deine Meinung **begründest**.

☒ Ja, die Skizze ist gelungen   ○ Nein, die Skizze ist nicht gelungen.

Begründung: da sie den Verlauf vieler Jugendlichen zeigt

TIPP zu 10

Um diese Aufgabe lösen zu können, orientierst du dich an den Sinnabschnitten aus Aufgabe 5–9. Überprüfe dazu, ob die Skizze die einzelnen Entwicklungsschritte der Jugendlichen enthält.

11 Betrachte die vorliegende Karikatur genau (Material 2) und kreuze die richtigen Antworten an.

Die vorliegende Zeichnung ...	trifft zu	trifft nicht zu
a) hat nichts mit der Aussage des Textes „Milchschnitten statt Zuwendung" zu tun.	○	☒
b) lässt das Verhalten der Mutter, ihr Kind durch den Fernseher zu füttern, lächerlich erscheinen.	☒	○
c) unterstützt die durch den Text vorgenommene Kritik am Erziehungsstil der Eltern heute.	☒	○
d) zeigt, ebenso wie der Text, dass Eltern heutzutage ihre Kinder viel zu häufig „bemuttern".	○	☒

12 Überprüfe kritisch, ob die Karikatur geeignet ist, die Aussagen des Textes zu verdeutlichen. Begründe deine Einschätzung durch mindestens zwei Argumente. Schreibe auf ein Extrablatt.

> **TIPP zu 12**
>
> Vergleiche die Hauptaussagen des Textes mit denen der Karikatur und überlege, auf welche Abschnitte des Textes sich die Karikatur bezieht. Stelle dir die Frage, inwieweit die Aussagen des Textes durch das Bild gestützt werden.

13 (a) „Immer weniger Jugendliche sind bereit, sich sozial zu verhalten, Regeln des Zusammenlebens einzuhalten, sich in andere hineinzuversetzen." (Z. 25 / 26)
(b) „Mit taktloser Selbstverständlichkeit klagen sie die spontane Befriedigung ihrer Grundbedürfnisse ein." (Z. 26 – 28)

In welchem Verhältnis stehen die beiden Sätze zueinander? Kreuze die richtigen Aussagen an.

> **TIPP zu 13**
>
> Vergleiche die Hauptaussagen des Textes mit denen der Karikatur und überlege, auf welche Abschnitte des Textes sich die Karikatur bezieht. Stelle dir die Frage, inwieweit die Aussagen des Textes durch das Bild gestützt werden.

a) Satz (a) stellt eine Behauptung auf, die von Satz (b) nicht widerlegt wird. ☒
b) Satz (a) gibt die Folge aus Satz (b) an. ☐
c) Satz (b) veranschaulicht die Feststellung aus Satz (a). ☒
d) Der direkte Bezug zwischen Satz (a) und Satz (b) ist nicht zu erkennen. ☐

14 Welche Absicht verfolgt der Verfasser des Textes? Beachte genau, was im Text steht, und kreuze die richtigen Lösungen an.

> **TIPP zu 14**
>
> Mit dieser Aufgabe wird überprüft, ob du verstanden hast, warum der Autor diesen Text verfasst hat. Du musst also überlegen, wie der Text auf dich wirkt. Auch hier gibt es wieder mehrere richtige Aussagen.

a) Der Autor möchte mit dem Text „Milchschnitten statt Zuwendung" über die Situation in vielen Familien in Deutschland informieren. ☒
b) Er will davor warnen, welche Folgen das Verhalten der Eltern auf die Persönlichkeitsentwicklung und die Lebenschancen ihrer Kinder hat. ☒
c) Der Verfasser klagt die staatlichen Institutionen, Schulen und Kindergärten an, ihrem Erziehungsauftrag nicht nachzukommen. ☐
d) Vor allem macht der Autor die Jugendlichen selbst dafür verantwortlich, dass sie sich zu taktlosen Individuen entwickelten, die sich vor schwierigen und arbeitsintensiven Aufgaben drücken und schnell aggressiv würden. ☐

15 Die Überschrift des vorliegenden Textes heißt „Milchschnitten statt Zuwendung". Überlege, ob diese Überschrift zum Text passt.
Suche zwei Beispiele aus dem Text heraus, die deine Einschätzung belegen.

○ Ja, die Überschrift passt zum Text.
○ Nein, die Überschrift passt nicht zum Text.

Beispiel a): _____

Beispiel b): _____

> **TIPP zu 15**
>
> Lies den Text erneut und unterstreiche die Aussagen, mit denen sich die Überschrift erklären ließe. Du kannst dich dazu auch an deinen Sinnabschnitten orientieren. Gib auch in Klammern die Zeilenangaben an.

16 Eine Schülerin äußert sich über diesen Artikel aus dem Spiegel:
„In dem vorliegenden Text wird das Familienleben nur einseitig negativ dargestellt. So kann man das Zusammenleben zwischen Eltern und Kindern aber nicht richtig beschreiben."

Bist du auch dieser Meinung? Begründe deine Meinung, indem du dich auf den Text beziehst. Beide Antworten sind möglich. Es kommt darauf an, wie du deine Meinung **begründest**.

○ Ja, ich bin auch dieser Meinung. ○ Nein, ich bin nicht dieser Meinung.

Begründung: _____

_____

_____

Auswertung

1. Wie viel Zeit hast du zur Bearbeitung der Aufgaben benötigt? _____ Minuten
   Du hast für diesen Teil der Prüfung 30 Minuten Zeit (siehe S. 5)

2. Welche Aufgabenart ist dir leicht- oder schwergefallen?

	leicht	mittel	schwer
• Aussagen mit Text vergleichen **1** a) – d)	○	○	○
• Begriffe aus dem Textzusammenhang erklären **2** – **4**	○	○	○
• Sinnabschnitte bilden und Zwischenüberschriften formulieren **5** – **9**	○	○	○
• Entwicklungen aus einer Skizze überprüfen und die Darstellung begründet beurteilen **10**	○	○	○
• Aussagen mit Karikatur vergleichen **11** a) – d)	○	○	○
• Karikatur beurteilen **12**	○	○	○
• Zusammenhänge zwischen Sätzen erkennen **13** a) – d)	○	○	○
• Aussagen des Textes verstehen und umschreiben **14** a) – d)	○	○	○
• Wahl der Überschrift erklären und begründen **15**	○	○	○
• Zu Aussagen über den Text Stellung nehmen **16**	○	○	○

3. Überprüfe deine Antworten mit dem Lösungsheft.

E 2 Aufgabentyp 4b: Wandel der Geschlechterrollen (angeleitetes Üben)

Teil II

❶ Untersuche die Materialien 1–3. Gehe dabei so vor:
  a) **Benenne** das gemeinsame Thema der Materialien 1–3.
  b) **Fasse** die Informationen aus M1 **zusammen** und **erkläre**, was die traditionelle Arbeitsteilung der Geschlechter bedeutet.
  c) **Erläutere** die Probleme von Mädchen in Ausbildung und Beruf.
  d) **Beschreibe** die dargestellten Entwicklungen in M 3.
  e) **Vergleiche** M 1 – M 3 miteinander und **stelle dar**, welche Gemeinsamkeiten und Unterschiede zwischen ihnen bestehen. Ziehe dazu Textbelege heran.

❷ Der Titel eines Zeitungsartikels lautet: „Erfolgreich in der Schule – benachteiligt im Berufsleben". **Nimm Stellung** zu diesem Satz. **Begründe** deine Meinung und beziehe dich dabei auf M 1 bis M 3. Schreibe einen zusammenhängenden Text.

M 1

Geschlechterspezifische Muster in der Lebensführung

Die Shell-Jugendstudie 2002 zeichnete eine starke Generation junger Frauen. Wurden bis dahin junge Männer insgesamt als konkurrenzorientierter und durchsetzungsstärker beschrieben, waren es nach den Ergebnissen der letzten Studie die jungen Frauen, die ebenso starken schulischen und beruflichen
5 Ehrgeiz zeigten und durch erhöhten Einsatz auf größer werdende Anforderungen auf dem Arbeitsmarkt reagierten. Diese Entwicklung zur Umkehrung des traditionellen Geschlechterverhältnisses lässt sich überall beobachten. Die traditionelle Hausfrauenrolle wird von Mädchen zunehmend abgelehnt. Sie stellen heute oft ausgesprochen hohe Anforderungen an sich selbst. Sie
10 wollen gut aussehen, aktiv sein, Freunde und Partner haben, gebildet sein, einen interessanten Beruf ergreifen, ein sicheres Zuhause haben, in einer harmonischen Beziehung leben und einmal Kinder bekommen. Fast alle sind daran interessiert, Karriere und Familie zu verbinden. Für die jungen Männer bleibt hingegen nach wie vor insbesondere bei der Kindererziehung die tra-
15 ditionelle Arbeitsteilung der Geschlechter ein zentraler Orientierungspunkt. Von vielen Jungen wird nach wie vor die Vorstellung vertreten, dass sich die Frau um den Haushalt und die Kinder kümmert. Offensichtlich wird die ehrgeizige Generation junger Frauen von einem Teil der jungen Männer als ernsthafte Gefährdung ihres Erfolgs auf dem Arbeitsmarkt wahrgenommen,
20 wogegen sie sich mit Zuflucht in alte Muster mental wehren wollen. Junge Frauen sind heute eine durchsetzungswillige und leistungsstarke Generation, die Gleichberechtigung fordert.

Aus: Shell-Studie 2006 (geändert und gekürzt)

M 2

Geschlechtsspezifische Ungleichheit

In der Berufsausbildung stoßen die Bemühungen um die Gleichstellung von Mädchen und Frauen auf Probleme. Trotz besserer Schulnoten und zum Teil höherer Schulabschlüsse sind die jungen Frauen die Verliererinnen im Wettbewerb um knappe Ausbildungsplätze. Von den unvermittelten Bewerbern um
5 Lehrstellen waren 2002 gut 47 Prozent weiblichen Geschlechts, obwohl der Frauenanteil unter allen Auszubildenden lediglich 41 Prozent betrug. Frauen haben auch nach Abschluss der Lehre größere Schwierigkeiten in den Beruf übernommen zu werden und müssen ihre berufliche Laufbahn auf einem niedrigeren Statusniveau beginnen. Zudem verteilen sie sich auf relativ wenige
10 Ausbildungsberufe. 2002 erlernten 53 Prozent der jungen Frauen lediglich zehn Berufe, und zwar solche in kaufmännischen Berufen und solche mit „weiblichen Tätigkeitsprofilen" wie Pflegen, Helfen, Verkaufen, Assistieren oder Betreuen, obwohl wissenschaftlich begleitete Modellprojekte belegen, dass sich Mädchen in technischen Berufen genauso bewähren wie Jungen.

Aus: Informationen zur politischen Bildung 269: Sozialer Wandel in Deutschland (geändert und gekürzt)

M 3

Anteile von jungen Frauen in sogenannten „Männerberufen"
Alte Bundesländer (mit Berlin) 1977 und 2004

Frauenanteil an allen Auszubildenden im jeweiligen Beruf in %

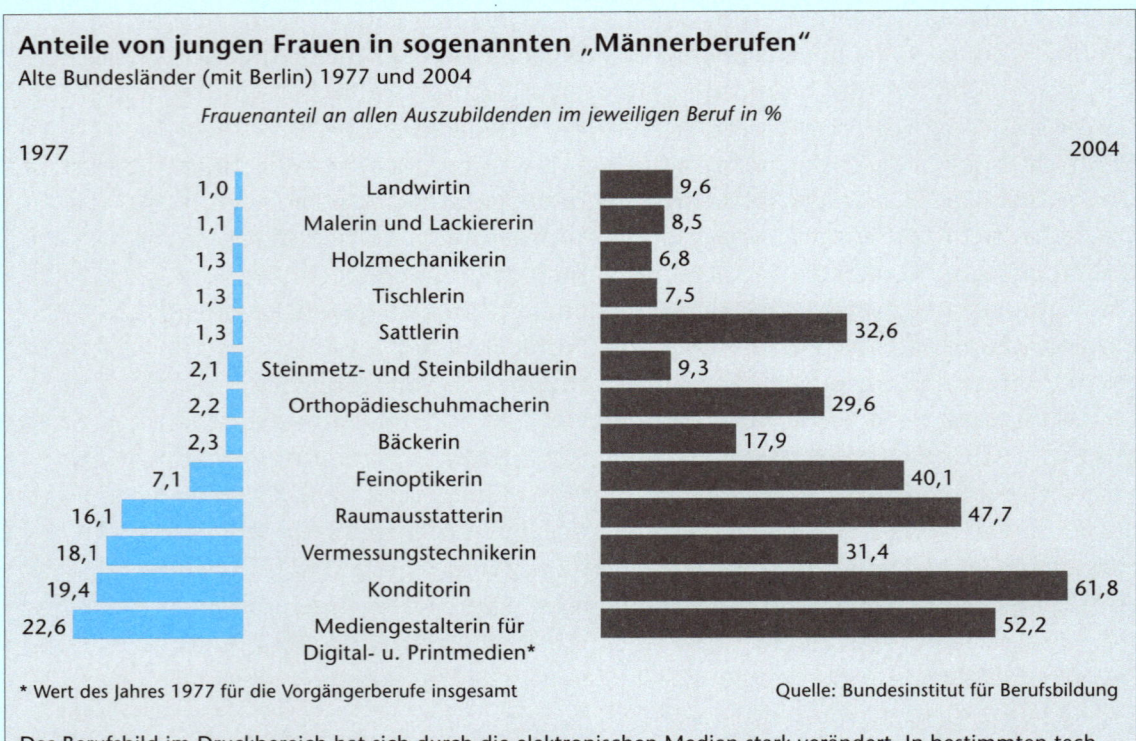

1977	Beruf	2004
1,0	Landwirtin	9,6
1,1	Malerin und Lackiererin	8,5
1,3	Holzmechanikerin	6,8
1,3	Tischlerin	7,5
1,3	Sattlerin	32,6
2,1	Steinmetz- und Steinbildhauerin	9,3
2,2	Orthopädieschuhmacherin	29,6
2,3	Bäckerin	17,9
7,1	Feinoptikerin	40,1
16,1	Raumausstatterin	47,7
18,1	Vermessungstechnikerin	31,4
19,4	Konditorin	61,8
22,6	Mediengestalterin für Digital- u. Printmedien*	52,2

* Wert des Jahres 1977 für die Vorgängerberufe insgesamt

Quelle: Bundesinstitut für Berufsbildung

Das Berufsbild im Druckbereich hat sich durch die elektronischen Medien stark verändert. In bestimmten technischen Berufen wie Laborantin, Optikerin oder Zahntechnikerin war der Anteil von jungen Frauen bereits in den 70-er Jahren hoch, in diesen Berufen ist der Frauenanteil gleich geblieben oder geht gar etwas zurück.

E 2 Prüfungsaufgaben | Stereotype – Vorurteile | Aufgabentyp 4b

Lösungshilfen zu ❶ a)

1. Bearbeite M 1 – M 3, indem du die Arbeitsschritte 1 bis 3 (s. B 9, Seite 63 – 66) ausführst.
2. Lege eine Tabelle an, in die du die wichtigsten Aussagen aus den Materialien stichwortartig einträgst.

	wichtige Aussagen
Material 1	
Material 2	
Material 3	

3. Notiere das gemeinsame Thema von M 1 – M 3.

_____

Lösungshilfen zu ❶ b)

4. In M 1 werden unterschiedliche Vorstellungen der Arbeitsteilung der Geschlechter genannt. Stelle diese stichwortartig gegenüber:

	traditionell	modern
Mann		
Frau		

Lösungshilfen zu ❶ c)

5. Notiere in der Tabelle die unterschiedliche Situation der Mädchen in Schule, Ausbildung und Beruf.

Ausgangssituation (Schule)	Ausbildung	Beruf
gute Noten		

Lösungshilfen zu ❶ d)

6. Fasse stichwortartig die wichtigsten Informationen aus M 3 zusammen.

7. Notiere stichwortartig, welche Entwicklung deutlich wird.

Lösungshilfen zu ❶ e)

8. Ergänze das begonnene Cluster. Berücksichtige auch eigene Erfahrungen.

TIPP zu 8.

Mit einem Cluster kannst du Informationen, Gedanken sammeln und ordnen. Das Thema/Problem wird in der Mitte festgehalten und hervorgehoben. Wichtige Gesichtspunkte schreibst du in weitere Kreise, von denen wiederum Unterpunkte abzweigen können.

- Mädchen sind erfolgreich in der Schule
- Probleme in der Ausbildung
- Probleme im Beruf
- karrierebewusst
- **Mädchen und Frauen werden im Berufsleben benachteiligt**
- eigene Erfahrungen
- traditionelle und moderne Aufgabenverteilung der Geschlechter

Lösungshilfen zu ❷

9. Schreibe auf, welche Möglichkeiten der Veränderung es für die Situation der Mädchen und Frauen geben könnte.

   Technische Berufe für Mädchen müssen gefördert werden, z.B. durch ...

   Ausbildungsplätze ...

> **Lösungshilfen zum Schreiben**

10. Überprüfe und verändere gegebenenfalls den Schreibplan.

<u>Schreibplan</u>

Einleitung:
Thema – Problem Geschlechterrollen in Schule und Beruf, Gleichstellung noch nicht weit verbreitet

Hauptteil:
Inhaltszusammenfassung
M 1 – Arbeitsteilung erklären
- 2002 Umkehrung der traditionellen Geschlechterrollen und Arbeitsteilung bei jungen Frauen feststellbar
- traditionelle Arbeitsteilung, oft von Männern favorisiert: Frau in der Hausfrauenrolle und in der Kindererziehung
- dies steht der Gleichberechtigung entgegen: Mädchen wollen Karriere und Familie miteinander verbinden; sie stellen hohe Anforderungen an sich selbst

M 2
- Gleichstellung beim Wettbewerb um Ausbildungsplätze noch nicht erreicht
- mehr weibliche Schulabgänger sind ohne Ausbildungsplatz
- größere Schwierigkeiten von Mädchen, nach der Lehre übernommen zu werden
- Mädchen drängen vor allem in 10 Berufe

M 3
- Diagramm: Anstieg der Anteile von Frauen in typischen Männerberufen zwischen 1977 und 2004
- auffallend in den Berufen Sattlerin, Raumausstatterin, Konditorin, im Druckgewerbe
- es zeigt sich, dass in speziellen Berufen der Frauenanteil stark zugenommen hat

Alle Materialien mit inhaltlichem Zusammenhang: Gleichberechtigung oder Gleichstellung von Mädchen in Ausbildung und Beruf noch nicht erreicht, dafür gibt es unterschiedliche Gründe

Zustimmung zu Titel des Zeitungsartikels
Begründung: – viele Mädchen sind erfolgreich in Schule
– Frauen werden trotzdem später im Beruf benachteiligt

Schluss:
Problem besteht seit vielen Jahren, Möglichkeiten der Veränderung:
- Erziehung muss sich ändern
- Ausbildungsplätze für Mädchen müssen geschaffen werden
- langfristig muss Gleichberechtigung erreicht werden

11. Formuliere deinen Text nach dem Schreibplan (Extrablatt).

12. Überarbeite ihn nach der Checkliste B 9, Seite 68.

E 3 Aufgabentyp 4b: Ellenbogen und Strafen / Tränen und Bier (angeleitetes Üben)

Teil II

1. **Untersuche** und **vergleiche** die Materialien M 1 und M 2. Gehe dabei so vor:
   a) **Benenne** das gemeinsame Thema von M 1 und M 2.
   b) **Fasse** jeweils die zentralen Informationen aus M 1 und M 2 **zusammen**.
   c) **Stelle dar**, welche Rollenerwartungen an Männer und Frauen in beiden Texten deutlich werden.
   d) **Erläutere**, welche Rollenerwartungen die Autoren Daniel und Theresa erfüllen, obwohl sie diese eigentlich ablehnen.

2. Wähle eine der beiden Personen aus und **nimm Stellung dazu**, ob du ihr Verhalten nachvollziehen kannst.
   Schreibe einen zusammenhängenden Text.

M 1

Ellenbogen und Strafen
Daniel Erk

Ich stand in diesem Klub. Das Mädchen, das da an der Wand lehnte und ständig lachte, das war wunderbar. Sie war, soweit ich das ohne ein 5 gesprochenes Wort wissen konnte, auch interessiert, wenigstens ein bisschen. So stand ich da und wartete, dass irgendwas passieren würde. Es passierte: nichts. Sie verharrte an der 10 Wand, sah mich an, lächelte. Ich seufzte und verstand. Auch wenn wir beide offensichtlich wollten, dass hier etwas passierte, war es wohl meine Aufgabe, den ersten Schritt zu tun. 15 Ich war ein bisschen verärgert und etwas hilflos. Vor dieser Rollenverteilung hatte ich mich immer gedrückt. Schuld an dieser Misere[1] sind meine Eltern und Ulrike. Meine Eltern 20 hatten mich in dem Bewusstsein erzogen, dass Jungen und Mädchen gleich seien. Meine Schwester und ich spielten mit denselben Spielsachen und hatten die gleichen Pflichten. 25 Ulrike war ein Rabaukenmädchen, mit dem man alles tun konnte, was man von guten Freunden so erwartet: Fußball spielen, auf Bäume klettern usw. Dass sie ein Mädchen war, das war egal. Alles war gut. Bis 30 ich in die Schule kam. Ich war ein zurückhaltender, netter Junge, der keine Probleme bereitete. Trotzdem bekam ich die volle Breitseite der Geschlechterrollen ab: Strafarbeiten, 35 Ermahnungen, mäßige Noten. In den Augen der Grundschullehrerin war es wohl Gleichberechtigung, dass alle Jungen die gleiche Strafe bekamen. Erst war ich verärgert, dann wütend. 40 Entscheidend war offenbar allein die Tatsache, dass ich ein Junge war. Aus Wut wurde Trotz: Wenn ich schon die volle Wucht der Klischees[2] abbekam, dann wollte ich auch die Nar- 45 renfreiheiten. Ich wollte unvernünftig, vorlaut und großmäulig sein. Ich wollte mich in meine Rolle als Junge fügen.
Umso verdutzter war ich, als ich Jahre 50 später feststellte, dass nicht mehr die fleißigen, ruhigen und netten Mädchen in der allgemeinen Gunst standen, sondern ich, der Junge. Was war passiert? Nicht mein Betragen hatte 55 sich verändert, auch nicht die Rollenbilder – sondern das Spielfeld. Statt mit Dosen auf dem Schulhof kickten

wir mit Argumenten, während das flegelhafte Verhalten blieb. Der Unterschied: Nun war es erwünscht. In vielen Diskussionen während der Ausbildung ging es immer weniger um Sach- und Textkenntnis, sondern allein um Selbst- und Sendungsbewusstsein. Ich merkte, dass ich an diesen verbalen[3] Machtspielchen wunderbar teilnehmen konnte, während z. B. Hannah, die den Text gründlich gelesen hatte, schwieg. Ich schämte mich und verstand, dass sich seit der Grundschule vieles geändert hatte – eigentlich alles. Diese Welt, erkannte ich, ist ein Ort für Ellenbogen und Rabauken. Es war meine Rolle. Zumindest, wenn ich Erfolg haben wollte.

Also nahm ich mir an diesem Abend, in diesem Klub, ein Herz und schaltete auf Rabaukenmodus. Was ich genau sagte, weiß ich nicht mehr, aber ich weiß noch, wie das Mädchen und ich irgendwann zu knutschen begannen. Das Wissen, dass ich, sollte aus diesem Abend mehr werden, wohl für das Tragen von Taschen, das Bezahlen von Getränken und das Reparieren von technischem Gerät zuständig wäre, hinterließ jedoch einen schalen Geschmack.

Aus: fluter.de – Magazin der bpb (Text gekürzt und verändert)

[1] Misere = Notlage
[2] Klischee = eingefahrene Vorstellung
[3] verbal = mit Worten

M 2

Tränen und Bier
Theresa Bäuerlein

Das Erste, was ich in der Ausbildung lernte, war, dass es manchmal mehr bringt, sich wie ein Kind zu benehmen als wie eine erwachsene Frau. Ich hatte meine Unterlagen auf den letzten Drücker zusammengerafft und merkte erst am Schalter, dass noch eine Unterschrift fehlte. Der Beamte ließ nicht mit sich diskutieren und forderte mich auf, es im nächsten Halbjahr wieder zu probieren. Ich war mit den Nerven am Ende und ohne es zu wollen, fing ich zu weinen an. Meine Tränen wirkten wie ein Zauberspruch, auf einmal war alles ganz einfach. Der Beamte schaute bestürzt, haute mit fliegenden Händen Stempel auf meine Papiere – und fünf Minuten später ging ich mit dem Ausweis in der Hand nach Hause, heilfroh und gleichzeitig wütend. Beide, der Beamte und ich, hatten uns falsch verhalten. Der Mann hatte ein bestimmtes Bild im Kopf: Mädchen darf man nicht weinen lassen, denn sie sind süß und unschuldig und hilflos. Ich hatte mich wie ein kleines Mädchen benommen und er hatte mich automatisch wie eines behandelt.

Dass es darum geht, eine Rolle zu spielen, habe ich erst ziemlich spät begriffen, denn Geschlechterfragen fand ich eigentlich immer langweilig. Sicher hatte ich davon gehört, dass Frauen und Männer vor ein paar Jahrzehnten darum gekämpft hatten, wer im Haus und in der Gesellschaft das Sagen hatte. Wie die meisten meiner Freunde dachte ich aber, dass der Kampf vorbei war und dass alle Beteiligten daran gewonnen hatten.

Wenn aber scheinbar klar ist, dass Menschen in erster Linie Individuen sind und danach erst Männer und

Frauen – woher kommen dann die Geschlechtsstereotypen¹, wie sie in Fernsehserien und Bestsellern auftauchen? Männer und Frauen wollen nur das eine, heißt es da: die einen Sex, die anderen Schuhe. Männer haben Muskeln und bauen Häuser, Frauen haben Sinn fürs Schöne und richten Häuser ein. Ist doch Schwachsinn. Oder? Für viele ist das eine Tatsache und keine Spinnerei. Das merke ich, wenn ich aus der Rolle falle. Ich bin eine junge Frau, aber ich kugle durchaus gerne mal durch den Dreck, trinke Bier und mache Klimmzüge an Baugerüsten. Manch aufgeklärter Junge legt deshalb die Stirn in Falten und fragt: „Du bist aber keine typische Frau, oder?"

Nein. Doch. Keine Ahnung. Eigentlich will ich mir darüber keine Gedanken machen. Aber dann reise ich durch ein Land, in dem Frauen die Dreckarbeit machen und mein Freund gefragt wird, für wie viel er mich verkaufen würde. Lustig finde ich das nicht. Dann bin ich froh, in Deutschland zu leben, wo der Geschlechterkampf größtenteils ausgefochten zu sein scheint.

Aber Moment mal. Wie kommt es dann, dass Frauen hierzulande im Durchschnitt 30 bis 40 Prozent weniger verdienen als Männer – für die gleiche Arbeit, wohlgemerkt? Wieso muss ich mich, realistisch gesehen, als Frau immer noch zwischen Karriere und Kind entscheiden? Und wieso waren alle meine bisherigen Chefs Männer? Ich habe die Antworten nicht. Aber die Fragen machen mir manchmal Angst.

Aus: fluter.de – Magazin der bpb (Text gekürzt und verändert)

[1] Stereotyp = feststehende Vorstellung

Lösungshilfen zu ❶ a) und b)

1. Bearbeite alle Texte nach den Arbeitsschritten 1 – 3 (siehe B 9, Seite 63 und 66).

2. Sammle stichwortartig und strukturiert alle Informationen zu den verschiedenen Rollenbildern.
Ergänze dazu die Tabelle auf Seite 122.

TIPP zu 1. und 2.

1. Je besser du die Materialien erschlossen hast (Schlüsselwörter, Zwischenüberschriften zu Sinnabschnitten), desto leichter wird dir die Zusammenfassung der wichtigsten Aussagen fallen.
2. Stelle die Informationen aus verschiedenen Texten in einer Tabelle strukturiert gegenüber. Durch die Gegenüberstellung kannst du die einzelnen Informationen besser vergleichen.

Material 1:

- Textart/Titel, Autor: _____

- Wichtige Aussagen:
  • Kontaktaufnahme mit dem anderen Geschlecht wird dem Mann überlassen: der Mann soll aktiv werden
  • Jungen werden in der Grundschule in eine Rabaukenrolle gedrängt und entsprechend benachteiligt
  • Rabaukenrolle entwickelt sich später zu Selbst- und Sendungsbewusstsein und ist erfolgreich

Material 2:

- Textart/Titel, Autor: _____

- Wichtige Aussagen:
  •

3. Der Autor von Material 1 äußert sich zu den unterschiedlichen Erwartungen an die Rolle des Mannes. Formuliere in 1–2 Sätzen, worin der thematische Zusammenhang mit Material 2 besteht.

E 3 Prüfungsaufgaben | Stereotype – Vorurteile | Aufgabentyp 4b | **123**

Lösungshilfen zu ❶ c)

4. Vergleiche beide Materialien und notiere stichwortartig die Rollenerwartungen, die an Männer und Frauen gestellt werden.

   Rollenerwartungen an Männer:

   – müssen aktiv und zupackend sein

   Rollenerwartungen an Frauen:

   – sind schwach und hilfsbedürftig

5. Fasse deine Ergebnisse zusammen.

Lösungshilfen zu ❶ d)

6. Notiere stichwortartig die Einstellungen beider Personen zu den Rollenerwartungen.
   - Daniel

   - Theresa

7. Überlege, warum sie gegen ihre eigentliche Überzeugung handeln.

Lösungshilfen zu ❷

8. Stelle zunächst das Verhalten der beiden Autoren gegenüber. Versuche anschließend zu erklären, warum sie gegen ihre eigentliche Überzeugung handeln.
   - Überlege, welchen der beiden Autoren du auswählen möchtest und warum.

   _____
   _____
   _____

   - Hast du ähnliche Erfahrungen in ähnlichen Situationen gemacht?

   _____
   _____
   _____

   - Mit welchen Verhaltensweisen bist du nicht einverstanden?

   _____
   _____

   - Hast du Vorschläge, Ratschläge, Tipps? Wie würdest du dich verhalten?

   _____
   _____

9. Plane deinen zusammenhängenden Text. Lege stichwortartig die Abfolge der Inhalte fest und ergänze dazu den Schreibplan. Orientiere dich an der Aufgabenstellung.

10. Schreibe deinen Text nach dem Schreibplan auf ein Extrablatt. ✏️

12. Überarbeite deinen Aufsatz nach der Checkliste auf Seite 68.

Schreibplan

Einleitung:
- Vorstellung der beiden Texte
- gemeinsames Thema von M 1 und M 2
_____
_____

Hauptteil:
- Die wichtigsten Aussagen von M 1 und M 2
- Erwartetes Rollenverhalten
- Reaktionen auf die Erwartungen
_____
_____

Schluss:
- Stellungnahme zu einer ausgewählten Person/Autor/in

E 4 Aufgabentyp 4b: Die heimliche Revolution (selbstständiges Üben)

Teil II

Lies bitte zunächst die Materialien, bevor du dich der Bearbeitung der Aufgabenstellung zuwendest.

1 **Untersuche** und **vergleiche** die Materialien M 1 bis M 3. Gehe dabei so vor:
  a) **Benenne** das gemeinsame Thema von M 1, M 2 und M 3.
  b) **Fasse** die Informationen aus M 1 **zusammen**.
  c) **Erläutere**, welche Absicht der Autor (M 1) mit dem Text verfolgt und wie er diese umsetzt. Beziehe dazu die Verwendung sprachlicher Mittel ein.
  d) **Überprüfe** die Thesen aus M 1 mit Hilfe der Grafik M 2.
  e) **Vergleiche** die Position aus dem Zeitungsartikel (M 1) mit der Einstellung der Autorin des Leserbriefes (M 3), indem du Gemeinsamkeiten und Unterschiede benennst.

2 **Nimm Stellung** zu der Meinung der Verfasserin des Leserbriefes. **Begründe** deine Meinung und beziehe dich dabei auch auf die Materialien M 1 und M 2.
Schreibe einen zusammenhängenden Text.

M 1

Die heimliche Revolution

In Deutschlands Mädchenzimmern wächst eine Generation junger Frauen heran, die ganz andere Träume, Ziele und Werte hat als alle Generationen vor ihr. Die Mädchen glauben, dass ihnen jeder Lebensweg offensteht. Haben sie recht – oder droht ihnen eine riesige Enttäuschung?

Fast unbemerkt hat sich eine Revolution in den Mädchenzimmern vollzogen. Am deutlichsten zeigt sich das Fräuleinwunder in der Schulbildung: Da sind die Mädchen durchgestartet und lassen die Jungen im Kreidestaub zurück. [...]

5 Bei den meisten jungen Frauen ist die Botschaft angekommen, dass Ausbildung und Job die wichtigsten und anerkanntesten Lebensinhalte sind. Mit viel größerer Selbstverständlichkeit als ihre Mütter gehen Mädchen davon aus, dass sie erwerbstätig sein werden – und dass sie ein hart umkämpfter Arbeitsmarkt erwartet. Ein Leben ohne Job kann sich fast keine junge Frau
10 vorstellen, denn der Job verheißt Selbstbestätigung.
Was aber wird aus dem Energieschub, wenn die jungen Frauen den Schonraum Ausbildung verlassen? Wird ihr neues Selbstbewusstsein sie im Berufsleben schnurstracks an die Spitze führen? Es sieht nicht so aus. Denn nur selten träumen Mädchen von der Chefetage – auch weil sie wissen, dass
15 man ihnen den Aufstieg schwer macht. Nur rund ein Drittel der Befragten steuerte eine leitende Stellung an, während mehr als die Hälfte ihrer männlichen Altersgenossen sich zum Boss berufen fühlte. Selbstverwirklichung, Spaß und Soziales: Diese Dreieinigkeit der Berufsziele herrscht bei jungen Frauen im Westen vor. Im Osten kommt das Geld dazu.
20 Für Kaviar im Kühlfach wird es jedoch bei den wenigsten reichen. Denn die weiblichen Auszubildenden beschränken sich nach wie vor auf einen winzigen Ausschnitt des Berufsangebots. Vier Fünftel qualifizieren sich in nur 30 von insgesamt 400 Ausbildungsberufen. Mehr als die Hälfte aller

weiblichen Azubis in Ost- und Westdeutschland ist in insgesamt vier Berufen
zu finden, darunter die Sackgassen-Klassiker Friseuse, Lebensmittelverkäufer
und Arzthelferin. Auch die Nachwuchsakademikerinnen verhalten sich nicht
geschickter. Mit „Mädchen-Technik-Tagen" und Schnupperkursen für Schülerinnen versuchen die Universitäten seit Jahren, den weiblichen Nachwuchs
in technische und naturwissenschaftliche Disziplinen zu locken. Neuerdings
versuchen sich auch große Unternehmen als Frauenförderer. Denn zurzeit
sind in Managerkreisen die so genannten Soft Skills* angesagt: Teamfähigkeit,
Kommunikation und Einfühlungsvermögen, die Frauen eher mitbringen.
Diese wundersame Entwicklung aber endet an der Schwelle zum Berufsleben:
Im Verdrängungswettbewerb greifen wieder alte Vorurteile; Jungen werden
häufiger bevorzugt. Plötzlich gelten die prächtigen Abschlüsse der Mädchen
nichts mehr. Auf den Höhenflug der Mädchen im Ausbildungssystem folgt
die Bruchlandung in der Arbeitswelt.

Aus: Der Spiegel, Nr. 25 / 1999; o.V.; gekürzt

M 2

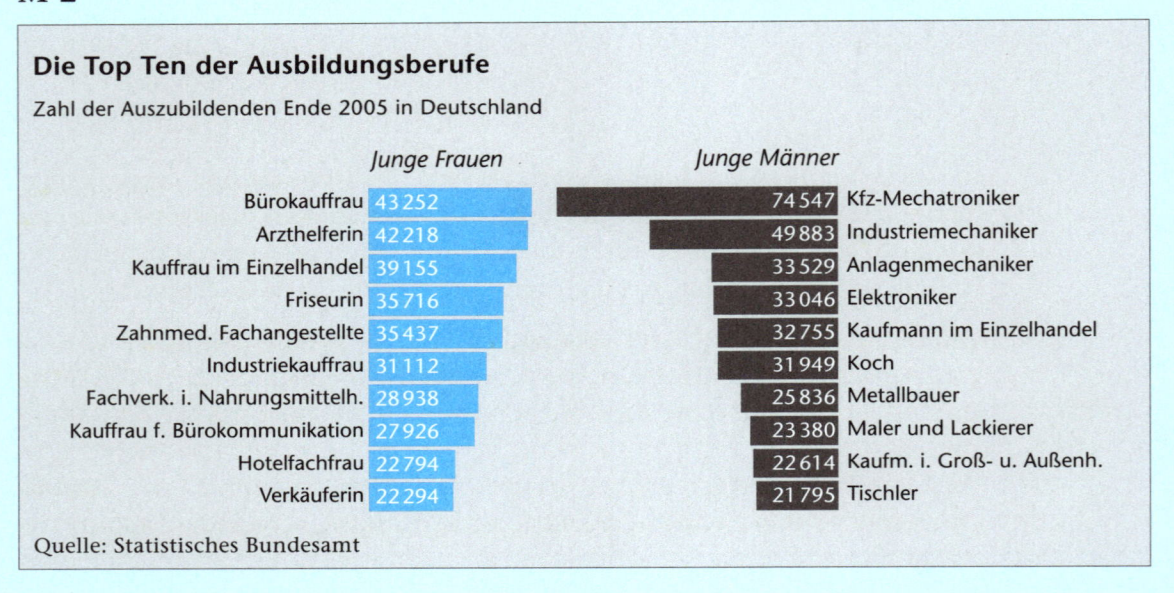

Die Top Ten der Ausbildungsberufe
Zahl der Auszubildenden Ende 2005 in Deutschland

Junge Frauen		Junge Männer	
Bürokauffrau	43 252	74 547	Kfz-Mechatroniker
Arzthelferin	42 218	49 883	Industriemechaniker
Kauffrau im Einzelhandel	39 155	33 529	Anlagenmechaniker
Friseurin	35 716	33 046	Elektroniker
Zahnmed. Fachangestellte	35 437	32 755	Kaufmann im Einzelhandel
Industriekauffrau	31 112	31 949	Koch
Fachverk. i. Nahrungsmittelh.	28 938	25 836	Metallbauer
Kauffrau f. Bürokommunikation	27 926	23 380	Maler und Lackierer
Hotelfachfrau	22 794	22 614	Kaufm. i. Groß- u. Außenh.
Verkäuferin	22 294	21 795	Tischler

Quelle: Statistisches Bundesamt

M 3

Leserbrief zum Artikel: „Die heimliche Revolution"

Es stimmt tatsächlich: Auch in unserem Jahrgang schafften die Mädchen
bessere Schulabschlüsse. Das lag daran, dass sie fleißiger waren, während
die Jungen sich eher cool benahmen. Dennoch begannen weniger Mädchen
als Jungen eine Ausbildung. Auch ich habe mehrere Bewerbungen geschrieben. Ich wollte KFZ-Mechatronikerin werden und obwohl ich einen guten
Abschluss habe, wurden die Jungen bevorzugt. Viele Chefs meinten, ich
könne nicht so kräftig anpacken. Nun habe ich aber doch einen Ausbildungsplatz – als Bürokauffrau. Irgendwann will ich eine Familie gründen.
Vielleicht könnte ich so auch halbtags arbeiten. Dennoch ärgern mich diese
Einschränkungen. Von „heimlicher Revolution" kann also keine Rede sein,
wenn man ausgebremst wird ...

Christina Beyer, 17 Jahre, Hamm

F Original-Prüfungsaufgaben: Mittlerer Schulabschluss NRW
F 1 Leseverstehen: Das Legomännchen über den Wolken (2013)

Das Legomännchen über den Wolken
Gerd Braune

(1) Es war kein „grünes Männchen"[1], das aus dem All auf die Erde kam und in der Nähe von Toronto landete. Es war ein blau-rot-gelbes Legomännchen, das eine abenteuerliche Reise hinter sich hatte: Zwei 17-jährige kanadische Schüler hatten das Männlein mit einem Heliumballon[2] in die obere Stratosphäre[3] geschickt. Eine Stunde und 46 Minuten dauerte der Flug vom Start bis zur sanften Landung an einem Fallschirm.

(2) Das Legomännchen und die jungen „Ingenieure" Mathew Ho und Asad Muhammad schafften es am Mittwoch in Kanadas nationale Nachrichtensendung. Mit einem faszinierenden Video: Das kleine Legomännchen, das in der rechten Hand eine kanadische Flagge hält, schwebt weit über den Wolken, unter sich die Erde – Aufnahmen, wie man sie von den Mondflügen kennt. Nur dass es sich nicht um ein milliardenschweres Programm, sondern um ein Küchentischprojekt mit einem Budget von 500 Dollar handelte.

(3) Seit September hatten die beiden Freunde an ihrem Projekt gearbeitet. In der Küche der Familie Ho – Mathews Vater ist gebürtiger Chinese, seine Mutter hat britisch-österreichische Wurzeln, Asad stammt aus Pakistan – wurden Pläne gezeichnet und der Fallschirm genäht. Aus Styropor konstruierten sie das Luftschiff, eine würfelförmige Kiste mit etwa 30 Zentimeter Seitenlänge, die aussieht wie ein Nistkasten für Vögel: Im Inneren montierten sie Digital- und Videokameras, die durch Löcher in den Styroporwänden Fotos schossen, und ein GPS-Gerät[4]. Und vor einer dieser Öffnungen, durch die Aufnahmen gemacht wurden, saß außen auf einer kleinen schwarzen Legoplatte und einem Bauklotz das Männlein mit Fahne – wie ein Vogel vor dem Schlupfloch eines Nistkastens. Eine rote Folie, die sie auf das Styropor klebten, gab dem Luftschiff zusätzliche Stabilität.

(4) Warum sie ein Legomännlein als Passagier wählten? „Wir haben beide als Kinder mit Lego gespielt. Irgendwie fühlen wir uns mit dem Legomännchen emotional verbunden", sagt Mathew lachend. Sie kauften einen meteorologischen Ballon[5] und Helium, erkundigten sich, ob ihr Vorhaben nicht gegen Gesetze verstößt, und waren Anfang des Jahres bereit zu ihrem Experiment.

(5) Ständig holten sie Informationen über Windrichtung und -geschwindigkeit ein. Am 7. Januar stand der Wind günstig. Von einem Sportplatz startete kurz nach 14.30 Uhr der heliumgefüllte Ballon. Das Männlein schoss in die Höhe. Fünf Minuten nach dem Start verloren sie den Funk- und Sichtkontakt mit dem Ballon. Mehr als eine Stunde bangen Wartens folgte. Was würde mit dem Männlein und den Geräten passieren? Um 16.12 Uhr fing Mathews iPad wieder Signale auf. Zwei Minuten später konnten sie den Signalen entnehmen, dass das drei Kilogramm schwere Gerät 122 Kilometer vom Startpunkt entfernt gelandet war.

(6) Erst einige Tage später fuhren sie zum Landepunkt und fanden das Spielzeug und die Reste des Ballons in einem Busch. Sie luden Daten und Fotos auf ihren Computer und konnten es kaum fassen: Rund 1500 Fotos und zwei Videos hatte das Legomännchen von seiner Reise mitgebracht. Das Video zeigt das Männchen und unter ihm beim Aufstieg zunächst Felder und Gewerbegebiete, dann dringt es durch die Wolken und schwebt über den Wolken, durch die die Erde blau leuchtet. „Wir sprangen herum, es war ja keiner in der Nähe, der uns sehen konnte", schildert Asad ihre Reaktion. Sie rekonstruierten den Flug anhand der GPS-Daten, der Angaben auf den Fotos und der Informationen, die sie

über den Ballon hatten. Auf etwa 80.000 Fuß Höhe, rund 25.000 Meter, war der Ballon
45 gestiegen, bevor er platzte. „Etwa dreimal höher als ein Flugzeug", meint Mathew.
(7) Vor Medienanfragen konnten sich Mathew Ho und Asad Muhammad am Mittwoch kaum retten. Bereitwillig und freundlich gaben sie Auskunft. Auch über ihre nahe Zukunft: Das nächste Projekt ist der Schulabschluss im Frühsommer. Und dann wollen sie studieren. Mathew Ho will Unternehmer werden und will Wirtschaft und Handel studieren. Asad Muhammad ist von allem begeistert, was mit Fliegen zu tun hat. Sein Berufsziel ist Ingenieur.

http://www.stuttgarter-zeitung.de/inhalt.schueler-bauen-heliumballon-das-legomaennchen-ueber-den-wolken.7c282a2b-3d7d-45b9-b465-3dc3ce832d15.html; Seitenaufruf am 4.12.20121

1 grünes Männchen: ein Außerirdischer
2 Heliumballon: mit einem besonders leichten Gas gefüllter Ballon
3 Stratosphäre: zweite Schicht der Erdatmosphäre
4 GPS-Gerät: ein tragbares Navigationsgerät
5 meteorologischer Ballon: Ballon zur Wetteraufzeichnung

Aufgaben zum Leseverstehen

1 Kreuze die richtige Antwort an.

Zwei kanadische Schüler haben (Abschnitt 1) …

a)	einen Fallschirm für Legomännchen gekauft.	
b)	einen Ballon mit einer Spielfigur steigen lassen.	
c)	eine neue Schicht der Erdatmosphäre erforscht.	
d)	einen Heliumballon nach Toronto geschickt.	

2 Kreuze die richtige Antwort an.

Mit dem Begriff „Küchentischprojekt" (Z. 12) ist im Textzusammenhang gemeint, dass …

a)	zuhause ohne große Ausstattung ein Experiment entwickelt wurde.	
b)	es sich um ein Experiment mit einem Küchentisch handelt.	
c)	viele Milliarden für ein einfaches Projekt ausgegeben wurden.	
d)	es bei dem Projekt um eine nicht umsetzbare Idee geht.	

3 Kreuze die richtige Antwort an.

Matthew und Asad (Abschnitt 3) …

a)	sind zwei einfallsreiche Brüder.	
b)	arbeiten in der Küche von Asad.	
c)	haben internationale Wurzeln.	
d)	stammen beide aus Pakistan.	

④ „Wir haben beide als Kinder mit Lego gespielt. Irgendwie fühlen wir uns mit dem Legomännchen emotional verbunden" (Z. 23-24). Erläutere den Ausdruck „emotional verbunden fühlen" im Textzusammenhang.

_____

_____

_____

⑤ Kreuze die richtige Antwort an.

Die Aussage „Mehr als eine Stunde bangen Wartens folgte." (Z. 31/32) ist im Textzusammenhang ein Ausdruck für die Angst der Jungen davor, dass ...

a)	Sender und Empfänger falsche Signale auffangen könnten.	
b)	das Luftschiff mit der Figur verschollen sein könnte.	
c)	Mathews Telefon verloren gegangen sein könntest.	
d)	sie nicht lange genug auf dem Sportplatz warten könnten.	

⑥ Erkläre, wie die folgende Aussage im Textzusammenhang zu verstehen ist.

„Wir sprangen herum, es war ja keiner in der Nähe, der uns sehen konnte." (Zeile 41/42)

_____

_____

⑦ Erkläre den Zusammenhang zwischen der Zeichnung und Abschnitt 6. Beziehe dich auf Textaussagen.

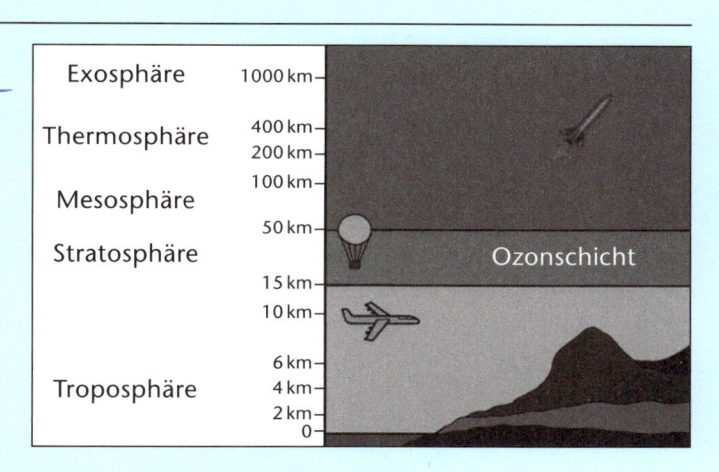

_____

_____

_____

⑧ Bringe den Verlauf des Experiments in die richtige Reihenfolge.

	Verlaufsschritt	Reihenfolge (1, 2, 3, 4, 5)
a)	Bau des Luftschiffs	
b)	Erneuter Signalempfang	
c)	Fund und Auswertung der Daten	
d)	Kauf der zusätzlichen Materialien für den Flug	
e)	Prüfen der Wetterlage	
f)	Verlust des Funk- und Sichtkontakts	

9 Erläutere vor dem Hintergrund des gesamten Textes, warum die Schüler den Schulabschluss als „Projekt" (Z. 48) bezeichnen.

_____
_____

10 Kreuze die richtige Antwort an.

Die beiden kanadischen Schüler können kaum fassen (Abschnitt 6), dass das Legomännchen rund 1500 Fotos und zwei Videos von der Reise mitgebracht hat. Das ist so besonders, weil …

a)	andere Legomännchen viel weniger Fotos mitgebracht haben.	
b)	1500 Fotos und zwei Videos ein ziemlich hohes Gewicht haben.	
c)	das der Beweis für das Gelingen ihres Experiments ist.	
d)	die kanadischen Schüler gern eigene Videos drehen.	

11 Im Text wird deutlich, dass Asad und Mathew …

a)	das gleiche Berufsziel haben.	
b)	ein weiteres Flugprojekt planen.	
c)	technisch sehr begabt sind.	
d)	zurückhaltend und scheu sind.	

12 Kreuze die richtige Antwort an.

Welcher der folgenden Sätze aus dem Text verdeutlicht, dass der Autor das Experiment für etwas Besonderes hält.

a)	Es war ein blau-rot-gelbes Legomännchen, das eine abenteuerliche Reise hinter sich hatte.	.
b)	Eine Stunde und 46 Minuten dauerte der Flug vom Start bis zur sanften Landung an einem Fallschirm.	
c)	Seit September hatten die beiden Freunde an ihrem Projekt gearbeitet.	
d)	Am 7. Januar stand der Wind günstig.	

13 Ein Schüler sagt nach dem Lesen des Textes:
„Die Medien machen viel zu viel Wirbel um ein kleines Legomännchen."
Du kannst dieser Aussage zustimmen oder nicht. Wichtig ist, dass du deine Auffassung begründest und dich auf mehrere Textaussagen beziehst.

_____
_____
_____
_____

F 2 Aufgabentyp 2: Der Autor Klaus Kordon (2013)
Wahlthema 2

Am 1. Juli findet eine Schulveranstaltung für alle Schülerinnen und Schüler sowie für alle Lehrerinnen und Lehrer statt, zu der der Autor Klaus Kordon eingeladen ist. Er wird aus seinen Büchern vorlesen. Es besteht die Möglichkeit, ihm Fragen zu seinen Büchern und seinem Leben zu stellen. Damit alle für diesen Termin gut vorbereitet sind, bist du gebeten worden, einen Informationstext über Klaus Kordon zu schreiben. Um deinen Text schreiben zu können, bekommst du eine Materialsammlung (M1–M6).

Lies zunächst die Aufgabenstellung und dann die Materialien gut durch, bevor du mit dem Schreiben beginnst.

Aufgabenstellung

Verfasse auf Grundlage der Materialien M1–M6 einen informierenden Text über Klaus Kordon. Schreibe nicht einfach aus den Materialien ab, sondern achte auf eine eigenständige Darstellung in einem zusammenhängenden Text.

Gehe dabei so vor:
- Formuliere für den Text eine passende Überschrift.
- Schreibe eine Einleitung, in der du den Autor Klaus Kordon vorstellst (Geburtsjahr; -ort, ausgeübte Berufe, aktueller Wohnort, Zielgruppe seiner Bücher).
- Stelle dar, warum Klaus Kordon zahlreiche Bücher zum Themenschwerpunkt „Deutsche Geschichte" geschrieben hat. Erkläre dabei auch, warum Berlin der Schauplatz vieler seiner Bücher ist.
- Erläutere, wie Klaus Kordon seine eigenen Lebenserfahrungen mit der Welt seiner Figuren verknüpft und was er erfindet. Beziehe dich dabei auf konkrete Beispiele.
- Schlussfolgere anhand der Materialien und eigener Überlegungen, warum Klaus Kordon gerade für Kinder und Jugendliche über deutsche Geschichte schreibt. Erläutere dabei auch den Begriff „Geschichte von unten".
- Notiere unterhalb des Textes die Nummern der von dir genutzten Materialien.

M 1 Lebensdaten von Klaus Kordon

Geburtsjahr	1943
Geburtsort	Berlin (Pankow)
Kindheit	– Vater im II. Weltkrieg gefallen – Mutter 1956 gestorben – älterer Bruder gestorben – in verschiedenen Kinder- und Jugendheimen aufgewachsen
Ausbildung	Abitur und Studium der Volkswirtschaft
Berufstätigkeit	unterschiedliche Berufe: z. B. Transport- und Lagerarbeiter, Exportkaufmann
Besonderheiten	nach Fluchtversuch aus DDR einjährige politische Haft
aktueller Wohnort	Berlin

Tabelle basiert auf Informationen der nachstehenden Internetadressen: http://www.stiftung-aufarbeitung.de/uploads/pdf-2009/arbeitsblaetter_1.pdf; http://www.kordon.eu/
Seitenaufruf am 12.08.2012

Quelle (Aufgaben): Ministerium für Schule und Weiterbildung des Landes Nordrhein-Westfalen, Düsseldorf 2013

M 2 Geschichte von unten. Klaus Kordon wird 65 (Onlineartikel)

Klaus Kordon ist der Chronist[1] der Berliner Hinterhöfe, in denen sich die Politik der Mächtigen im Kleinen spiegelt. Geschichte von unten beschreibt Klaus Kordon in seinen Romanen für Jugendliche und Erwachsene. Seine zwischen 1918 und 1945 spielende „Trilogie[2] der Wendepunkte" erzählt von den klei-
5 nen Leuten in der Ackerstraße in Berlin-Mitte. „Ich habe diesen Geruch noch in der Nase. Die Häuser mit den bis zu sechs Hinterhöfen waren feucht und schwammig", sagt der 1943 geborene Kordon, der seine Geschichten mit eigenen Kindheitserinnerungen verwoben hat.
Wer das Schicksal der Familie Gebhardt in „Die roten Matrosen", „Mit dem Rücken
10 zur Wand" und „Der erste Frühling" verfolgt, der erlebt Geschichte hautnah – vom Aufstand der Matrosen vor dem Berliner Schloss bis zur Besetzung der Stadt durch die sowjetische Armee am Ende des Zweiten Weltkrieges. „Geschichtsbücher sind oft trocken und faktenlastig. Emotional spricht das den Leser meistens nicht an", sagt Kordon. „Aber wenn man einen Roman liest und mit den Figuren durch die
15 Straßen von damals läuft, dann bekommt man das Gefühl, man ist dabei und versteht die Zeitumstände plötzlich." Bewusst habe er sich entschieden, in seinen Romanen Menschen aus den unteren Bevölkerungsschichten zu charakterisieren. „In den Wohngegenden der Reichen kam es eben nicht vor, dass zwei, drei Mal am Tag der Leichenwagen kam, um ein an Hungergrippe gestorbenes Kind abzu-
20 holen", erklärt Kordon.
„An Berlin lässt sich die deutsche Geschichte wunderbar darstellen und erklären. Berlin war die Stadt der Revolution von 1848, die Hauptstadt des Kaiserreichs und der Ort der Republikausrufung nach dem Ersten Weltkrieg. Die Stadt, in der Hitler an die Macht kam, die nach dem Zweiten Weltkrieg geteilt wurde
25 und schließlich wiedervereinigt wurde." Seine eigene Geschichte erzählt der in Berlin-Prenzlauer Berg aufgewachsene Kordon in dem mit dem Deutschen Jugendliteraturpreis ausgezeichneten 800-Seiten-Wälzer „Krokodil im Nacken". Nach einem missglückten Fluchtversuch aus der DDR über Bulgarien wurden Kordon und seine Frau festgenommen und im Stasi-Gefängnis in Berlin-Ho-
30 henschönhausen inhaftiert. Ihre damals 6 und 9 Jahre alten Kinder kamen in ein DDR-Kinderheim. Nach einem Jahr Haft wurde das Ehepaar 1973 von der Bundesrepublik freigekauft[3] und konnte in den Westen ausreisen. Die Kinder aber mussten noch ein weiteres Jahr im DDR-Heim aushalten, bis sie ihren mittlerweile in Schwalbach bei Frankfurt/Main lebenden Eltern „nachgeschickt"
35 wurden. [...]
Nachdem er das autobiografische Werk „Krokodil im Nacken" abgeschlossen hatte, habe er sich erleichtert gefühlt, erzählt Kordon. Doch die Geschichte geht weiter. Zum 20. Jahrestag des Mauerfalls im Herbst 2009 kommt sein neuer Roman „Auf der Sonnenseite" heraus. Der Band ist eine Fortsetzung von
40 „Krokodil im Nacken" und erzählt, was der junge Manfred Lenz – Kordons Alter Ego[4] – nach der Ausreise in die Bundesrepublik in Westdeutschland erlebt.

http://www.n-tv.de/leute/Klaus-Kordon-wird-65-article24546.html; Seitenaufruf am 12.08.2012

1 Chronist: Schriftsteller, der Lebenssituationen beobachtet und darüber berichtet
2 Trilogie: drei thematisch zusammengehörende Bücher eines Autors
3 freigekauft: hier: Politische Häftlinge kamen gegen Geld frei, das die Bundesrepublik bezahlt hat. Sie durften dann von der DDR in die Bundesrepublik Deutschland ausreisen.
4 Alter Ego: hier: Romanfigur, die Klaus Kordon mit ähnlichen Erfahrungen ausstattet, wie er sie selbst erlebt hat

M 3 Auszug aus einem Schülerinnen-Interview mit Klaus Kordon

Katharina: Dichten Sie zu Ihren Büchern irgendwas hinzu?
Klaus Kordon: Natürlich. Ich schreibe ja Romane, keine Dokumentarberichte und selbst wenn ich über meine eigene Zeit schreibe, z. B. was ich als 30-Jähriger erlebt habe, wie in „Krokodil im Nacken", sind auch Erfindungen dabei. Immer so, dass es realistisch ist. Wenn man einen Roman schreibt, muss man sich nicht sklavisch an die Wirklichkeit halten, die man selbst erlebt hat. Man muss Sachen weglassen, wenn es für den Leser nicht so interessant ist. Man muss kürzen, man mus manchmal Figuren verändern, damit bestimmte Personen nicht wiedererkannt werden. Sonst könnten diese verlangen, dass das Buch eingestampft wird, weil sie sich lächerlich gemacht fühlen. Man hat eine gewisse Verantwortung dabei, möchte aber auch ein bisschen Freiraum haben und nicht jedes Mal gefragt werden: „Warst du so mutig?" oder „Warst du so feige?".
Wenn ich ein Buch schreibe, welches über viele Jahre spielt, stimmen die Fakten zwar, aber die Menschen sind alle erfunden und das Haus, in dem sie wohnen und so weiter – alles ist erfunden. Das macht ja auch den Spaß am Schreiben aus, dass man „im Kopf Welten entstehen lässt", die man in Wirklichkeit gar nicht kennen gelernt hat.

http://www.gs-bergedorf.de/pdf/2011/webreporter_interview_kordon.pdf

M 4 Der Zeitzeuge. Der 13-jährige Maximilian Heufelder im Gespräch mit seinem Lieblingsautor, Klaus Kordon

M. Heufelder: Warum spielen so viele Ihrer Bücher in Berlin?
K. Kordon: Bestimmte Sachen kann man nur beschreiben, wenn man sich wirklich gut auskennt. Und in Berlin kenne ich mich nun einmal sehr gut aus. Ich könnte meine Bücher auch woanders spielen lassen, aber Romane wie „Die roten Matrosen", „Mit dem Rücken zur Wand", „Der erste Frühling" oder „1848" spielen sehr verwurzelt im Volk. Das kann ich nur wahrheitsgemäß beschreiben, wenn es eine Gegend ist, in der ich mich auskenne. Ich könnte auch einen Roman in München spielen lassen, aber da kenne ich mich nicht genug aus. Ich kenne mich nicht so mit den Straßen aus, weiß nicht, wie die Häuser von innen aussehen, weiß nicht, wie sie riechen. In mancher Hinsicht, glaube ich, ist man als Autor abhängig von seiner Erfahrungswelt. Wenn man wirklich echt und lebendig schildern will, dann muss es in einer Gegend spielen, die man sehr gut kennt. Und Berlin kenne ich sehr gut.
M. Heufelder: Warum schreiben Sie für Jugendliche?
K. Kordon: Jugendliche sind das wichtigste Publikum. In der Jugend wird man geprägt. Wenn einer 30 ist, kann man nicht mehr allzu viel machen. Dann hat er seinen Charakter, hat seine Erfahrungen gemacht. Bücher prägen einen Jugendlichen ganz schön. Ich wäre ein anderer geworden, wenn ich in meiner Jugend nicht meine Autoren gehabt hätte, die mich alle ein bisschen geformt haben. Aber ich könnte jetzt nicht mehr sagen,

wer von ihnen an mir was ‚verbrochen' hat. Wenn ein Jugendlicher ein schwieriges Buch liest, denkt er nach. Durch dieses Nachdenken wird sein Wissen erweitert; das heißt, er wird geformt.

Der Zeitzeuge. Der 13-jährige Maximilian Heufelder im Gespräch mit seinem Lieblingsautor, Klaus Kordon. In: Bulletin Jugend & Literatur, 31 (2000) 7. S. 6 und 7.

M 5 Aus einem Buch über zeitgeschichtliche Kinder- und Jugendbücher: Veränderungen der historischen Kinder- und Jugendliteratur seit den 1970er-Jahren

Verglichen mit traditionellen Geschichten für Heranwachsende standen nun immer weniger die berühmten „großen Männer" – national bedeutende Entdecker, Herrscher und Erfinder – und ihre Heldentaten im Mittelpunkt, vielmehr richtete sich die Aufmerksamkeit verstärkt auf die sogenannten
5 „kleinen Leute". Die „Geschichte von unten" konzentrierte sich stärker auf die Alltagsgeschichte, auf die Probleme, die den jungen Hauptfiguren auf sozialer, wirtschaftlicher und politischer Ebene in ihrer Lebenswelt begegneten.

Henke-Bochschatz, Gerhard: Zeitgeschichtliche Kinder- und Jugendliteratur als Medium historischen Lernens. In: Glaseknapp, Gabriele/Ewers, Hans-Heino (Hrsg.): Kriegs- und Nachkriegskindheiten. Studien zur literarischen Erinnerungskultur für junge Leser. Frankfurt am Main 2008. S. 197/198.

M 6 Leserbriefe an Klaus Kordon

„In Ihren Büchern wird einem das damalige Leben und auch die Politik der Zeit nahe gebracht – nicht trocken oder überfüllt von politischen Begriffen oder Daten, sondern ganz einfach und doch voller Gefühle. Menschen, die einfach sagen, was sie denken und fühlen, mal traurig, mal fröhlich, mal wütend, mal nachdenklich sind." (Hannah, 17 Jahre)

„Früher habe ich nie verstanden, warum die Erwachsenen so einen Wirbel um diese Kriege gemacht haben. Erst als ich Ihre Bücher las, ist mir einiges klar geworden. Mir ist aber auch klar geworden, dass es immer noch Leute gibt, die aus diesen grausamen Kriegen keine Konsequenzen gezogen haben. Vielleicht sollte es mehr Romane geben, in denen erzählt wird, was wirklich passiert ist." (Steffi, 17 Jahre)

Gelberg, Barbara (Hrsg.): Werkstattbuch Klaus Kordon, Weinheim / Basel: Beltz & Gelberg 2003 (Gulliver Taschenbuch 590). S. 61 f.

F 3 Aufgabentyp 4a: John Green: Eine wie Alaska (2013)
Wahlthema 1

Lies zunächst den Text, bevor du die Aufgaben bearbeitest. Schreibe einen zusammenhängenden Text.

Aufgabenstellung
Analysiere den Textauszug aus dem Roman „Eine wie Alaska" von John Green. Gehe dabei so vor:

- Schreibe eine Einleitung, in der du Titel und Autor benennst und das Thema formulierst.
- Fasse den Text kurz zusammen.
- Stelle dar, wie Miles seine Eltern wahrnimmt.
- Untersuche, wie sich Miles gegenüber Marie und Will verhält und wie er die Besucher darstellt. Berücksichtige dabei auch, wie dies durch sprachliche und formale Mittel dem Leser deutlich gemacht wird *(mögliche Aspekte: Wortwahl, Satzbau, Erzählperspektive)*.
- Erläutere, welche Erwartungen Miles an sein Leben hat. Erkläre dabei auch die Bedeutung des „großen Vielleicht" für Miles.
- Eine Mitschülerin sagt über den Text: „Miles sollte einfach da bleiben, wo er ist." Setze dich mit der Aussage auseinander und überlege, ob du ihre Einschätzung teilen kannst. Begründe deine Meinung und beziehe dich dabei auf den Text.

Eine wie Alaska (Textauszug)
John Green

Eine Woche bevor ich Florida verließ, um den Rest meiner Jugend in einem Internat in Alabama zu verbringen, ließ sich meine Mutter nicht davon abbringen, eine Abschiedsparty für mich zu geben. Von gedämpften Erwartungen meinerseits zu sprechen wäre heillos übertrieben. Zwar hatte sie mich mehr oder weniger gezwungen, alle meine „Schulfreunde" einzuladen, also den traurigen Haufen von Theatergruppenleuten und Englischstrebern, mit denen ich notgedrungen in der muffigen Highschool-Cafeteria am Tisch saß, doch ich wusste, dass keiner von ihnen kommen würde. Meine Mutter aber ließ nicht locker, so sehr klammerte sie sich an die Wunschvorstellung, ich hätte meine wahre Beliebtheit all die Jahre vor ihr geheim gehalten. Sie machte eine Riesenschüssel Artischocken-Dip, schmückte das Wohnzimmer mit grünen und gelben Girlanden, den Farben meiner neuen Schule, und kaufte zwei Dutzend Tischbomben, die sie auf dem Couchtisch arrangierte.
Und als jener letzte Freitag kam und ich fast mit Packen fertig war, saß sie ab 16:56 mit Dad und mir auf der Wohnzimmercouch, um den Ansturm des Abschiedskomitees zu erwarten. Das Komitee bestand aus zwei Personen: Marie Larson, einer schmächtigen Blondine mit rechteckiger Brille, und ihrem (nett gesagt) kräftigen Freund Will.
„Hallo, Miles", sagte Marie und setzte sich.
„Hallo", sagte ich.
„Wie waren die Sommerferien?", fragte Will.
„Ganz okay. Und bei euch?" sagte ich.
„Toll. Wir haben bei Jesus Christ Superstar[1] gejobbt. Ich hab Bühnenbild gemacht. Marie Beleuchtung."

Quelle (Aufgaben): Ministerium für Schule und Weiterbildung des Landes Nordrhein-Westfalen, Düsseldorf 2013

„Cool", ich nickte wissend und damit waren unsere gemeinsamen Themen abgehakt. Ich hätte mir wohl eine Frage zu Jesus Christ Superstar ausdenken können, aber erstens hatte ich keine Ahnung, worum es ging, weil es mich, zweitens, nicht interessierte und ich drittens noch nie gut im Smalltalk gewesen bin. Im Gegensatz zu meiner Mutter, die stundenlang über nichts reden kann.

Sie schaffte es, die peinliche Angelegenheit unnötig in die Länge zu ziehen, indem sie sich nach Maries und Wills Probenplan erkundigte, nach dem Ablauf der Show und ob sie ein Erfolg gewesen war.

„Schätze schon", sagte Marie. „War ganz schön voll, schätze ich." Marie gehörte zu den Leuten, die ständig schätzten.

Schließlich sagte Will: „Also, wir wollten nur schnell Tschüss sagen. Ich muss Marie bis sechs nach Hause bringen. Viel Spaß im Internat, Miles."

„Danke", antwortete ich erleichtert.

Das Einzige, was schlimmer ist als eine Party, zu der keiner kommt, ist eine Party, zu der keiner kommt außer zwei durch und durch uninteressanten Menschen.

Als sie weg waren, saß ich mit meinen Eltern auf der Couch und starrte auf den schwarzen Fernsehbildschirm. Ich hätte den Kasten am liebsten angeschaltet, doch ich wusste, ich ließ es besser bleiben. Meine Eltern sahen mich an, als erwarteten sie, dass ich gleich losheulen würde oder so was – als hätte ich nicht von vornherein gewusst, dass es genau so werden würde. Aber ich hatte es gewusst. Ich konnte ihr Mitleid spüren, als sie ihre Chips in den Artischocken-Dip dippten, der für meine imaginären[2] Freunde gedacht war, dabei hatten sie das Mitleid viel nötiger als ich: Ich war nicht enttäuscht. Meine Erwartungen hatten sich erfüllt.

„Ist das der Grund, warum du uns verlassen willst, Miles?", fragte Mom.

Ich dachte nach, ohne sie anzusehen. „Äh, nein", sagte ich schließlich.

„Weshalb denn dann?", fragte sie. Die Frage stellte sie nicht zum ersten Mal. Mom war nicht begeistert von der Idee, dass ich aufs Internat wollte, und daraus machte sie auch kein Geheimnis.

„Ist es meinetwegen?", fragte Dad. Er war selbst in Culver Creek gewesen, dem Internat, das ich besuchen würde, genau wie seine beiden Brüder und deren Kinder. Ich glaube, ihm gefiel die Vorstellung, dass ich in seine Fußstapfen trat. Meine Onkel hatten mir von seinem Ruf erzählt – anscheinend hatte er sich zu seiner Zeit in Culver Creek nicht nur als guter Schüler, sondern auch als wilder Kerl hervorgetan. Das klang auf jeden Fall besser als das Leben, das ich in Florida führte. Doch nein, ich wollte nicht wegen meines Vaters weg. Nicht unbedingt.

„Bin gleich wieder da", sagte ich, dann ging ich rüber ins Arbeitszimmer meines Vaters und holte die dicke Biografie von Rabelais. Ich las gerne die Biografien von Schriftstellern, selbst wenn ich nie ein Buch von ihnen gelesen hatte (wie im Fall von Rabelais). Der Satz, den ich suchte, stand am Ende des Buches, ich hatte ihn mit Textmarker unterstrichen. („KEIN TEXTMARKER IN MEINEN BÜCHERN", hatte Dad tausendmal gesagt, aber wie sollte ich sonst je was wieder finden?)

„Also dieser Typ hier", sagte ich, als ich mit dem Buch in der Hand in der Wohnzimmertür stand. „François Rabelais. Er war Dichter. Und seine letzten Worte waren: ‚Nun mache ich mich auf die Suche nach dem großen Vielleicht.' Deswegen möchte ich weg. Ich will nicht warten, bis ich tot bin, mit meiner Suche nach dem großen Vielleicht."

Und das tröstete sie.

Green, John: Eine wie Alaska, München: Hanser Verlag 2007, S. 7–10.

1 Jesus Christ Superstar: ein Musical

2 imaginär: nur in der Vorstellung vorhanden, nicht wirklich

F 4 Aufgabentyp 4b: Kinder und Jugendliche und der öffentliche Raum (2008)

Wahlaufgabe 2

Lies bitte zuerst die Materialien, bevor du die Aufgaben bearbeitest.

Aufgabenstellung

1. **Untersuche** die Materialien. Gehe dabei so vor:
   - **Benenne** das gemeinsame Thema von **M 1 bis M 3**.
   - **Fasse** den Inhalt der Rede von Michael Vesper aus **M 1** zusammen.
   - **Stelle** die Aussagen aus **M 2** und **M 3** dar.
   - **Setze** die Aussagen aus **M 2** und **M 3 in Beziehung** zu der Rede von Michael Vesper. **Benenne** hierbei zunächst die Aspekte, die sowohl in der Rede als auch in **M 2** bzw. **M 3** genannt werden und **erläutere** anschließend, inwieweit die Aussagen von Michael Vesper durch diese Materialien unterstützt werden.

2. Pascal sagt: *„Solche Projekte wie die Skateranlage in Gütersloh sind doch nur Einzelaktionen. Sie lösen nicht das Problem, dass Jugendliche in der Stadt zu wenig Raum für sich haben."*
   Nimm Stellung zu der Frage, ob Pascal Recht hat. **Begründe** deine Meinung und beziehe dich dabei auch auf **M 1 bis M 3**.

M 1

Aus der Rede von Dr. Michael Vesper[1] anlässlich des Kongresses „Stadt(T)räume" am 23.01.2004:

Wir – als Erwachsene – müssen lernen, unsere gemeinsame Zukunft auch gemeinsam mit Kindern und Jugendlichen zu planen. Verantwortlich für das Ergebnis sind wir dann alle gemeinsam. [...]
Der Alltag von Kindern und Jugendlichen spielt sich nicht nur in der Schule, sondern zu ganz wesentlichen Teilen auch in ihrem Wohnumfeld und Stadtteil ab. Kinder und Jugendliche brauchen eine altersgerechte Umgebung, um ihre Persönlichkeit und ihre sozialen Kompetenzen zu entwickeln. Um sich erfolgreich in kommunale Entwicklungsprozesse[2] einzubringen, brauchen sie uns, erwachsene „Verbündete", die sie darin unterstützen, ihre Bedürfnisse zu formulieren und sie in die Praxis umzusetzen. [...]
Das Wohnumfeld und die Lebenssituation von Kindern und Jugendlichen zu verbessern, ist eine große Herausforderung, gerade in Stadtteilen mit besonderem Erneuerungsbedarf. Die Kinder verbringen hier einen Großteil ihrer Zeit auf der Straße. Die persönliche, familiäre Wohnumgebung bietet oft nicht genug Platz oder Grünfläche. Es gibt kaum attraktive Spielräume und die vorhandenen Einrichtungen für Kinder und Jugendliche haben sich oft zu sozialen Brennpunkten entwickelt. Deshalb ist die Beteiligung von Kindern und Jugendlichen in diesen Stadtgebieten eine echte Chance. Sie können entscheidende Akzente setzen, ihr Lebensumfeld positiv zu gestalten und die Identifikation mit dem Stadtteil zu festigen. Damit

Quelle (Aufgaben): Ministerium für Schule und Weiterbildung des Landes Nordrhein-Westfalen, Düsseldorf 2008

leisten wir auch einen wichtigen Beitrag zur Vorbeugung von Gewalt und Vandalismus[3]. [...]

Zum Schluss möchte ich euch – die hier anwesenden Kinder und Jugendlichen – noch einmal ganz direkt ansprechen: Man kann viel erreichen, wenn man hartnäckig am Ball bleibt und sich für die Dinge einsetzt, die einem wichtig sind. Mit Überzeugungswillen und Mut eigene Vorhaben auf den Weg zu bringen, ist ein Stück Demokratie zum Anfassen. Diese Fähigkeit werdet ihr euer ganzes Leben lang brauchen. [...]

http://www.stadt-t-raeume.nrw.de/pdf/Kongress-Stadltr%E4ume.doc, Seitenaufruf vom 12.06.2007

1 Dr. Michael Vesper war bis 2005 Minister für Stadtentwicklung, Bauen und Wohnen, Kultur und Sport in NRW.
2 kommunale Entwicklungsprozesse: Entwicklungen innerhalb einer Gemeinde, Stadt
3 Vandalismus: Zerstörungswut

M 2 Kinder und Jugendliche und der öffentliche Raum

Verstecken in verwinkelten Hinterhöfen, Fußball auf der Straße und Baumhütten im Wald: Was für frühere Generationen selbstverständliche Kinderräume waren, ist heute oft nur noch Erinnerung. In den Innenstädten ist oft nur das Auto König und von freier Fläche ist wenig zu sehen. Kein Raum für Kinder? In den letzten Jahren mehren sich die Stimmen, die ein Mitgestaltungsrecht in Sachen Stadtentwicklung für Kinder und Jugendliche fordern. Doch zwischen Theorie und Praxis klafft noch manche Lücke. [...] Freiräume, die Kinder und Jugendliche selbst gestalten können – das fordern Pädagogen schon lange. Doch Spielstraßen und frei zugängliche Hinterhöfe sind in Zeiten stetig wachsenden Verkehrs und intensiver Bebauung in vielen Städten Mangelware, während die Einkaufszentren für Jugendliche ohne große finanzielle Möglichkeiten zwiespältige[1] Anlaufpunkte sind. Und für kostenaufwendigere Projekte wie Abenteuerspielplätze und Kinderbauernhöfe sind die Mittel sehr begrenzt. Die Folge ist unübersehbar: Für Kinder und Jugendliche ist der Raum zumindest in den Städten knapp geworden. In den Gemeindeordnungen von immerhin fünf Bundesländern steht, dass die Gemeinde „bei Planungen und Interessen, die die Interessen von Kindern und Jugendlichen berühren, diese in angemessener Weise beteiligen" muss. Doch ob die auf Kinder- und Jugendforen[2] eingeholten Meinungsbilder in die Tat umgesetzt werden, bleibt Ermessensfrage[3] Dabei kann durch frühzeitige Beteiligung sogar Geld gespart werden: „Es ist viel kostensparender, die Mittel sachgerecht einzusetzen", sagt Professor Gerhard Lehwald vom Kinderbüro Leipzig. „Und oft ist das, was sich die Kinder wünschen, viel billiger als das, was die Stadtplaner vorschlagen". [...]

Friederike Graeff

http://www.5000xzukunft.de/jugend/dossiers/page.php?did=6&pn=4, Seitenaufruf vom 12.03.07

1 zwiespältig: hier: „umstritten"
2 Kinder- und Jugendforen: Versammlungen, zu denen Kinder und Jugendliche eingeladen werden, um für sie wichtige Fragen zu diskutieren
3 Ermessensfrage: eine Frage, die je nach Einschätzung durch jeden selbst entschieden wird

M 3

Mit einer normalen Skateranlage findet sich Gütersloh nicht ab. Die neue Anlage, die jetzt [...] eröffnet wurde, ist die größte in Ostwestfalen-Lippe geworden. Sie kostete 50 000 Euro und wurde vom mehrfachen deutschen und internationalen Meister Claus Grabke mit entworfen.
Auf den Weg gebracht wurde sie von der Skater-Gruppe des Jugendparlamentes[1]. Bürgermeisterin Maria Unger lobte bei der Eröffnung deren Beharrlichkeit: „Trotz verschiedener Rückschläge bei der Standortsuche hielt das Jugendparlament am Ziel fest, den Jugendlichen in Gütersloh die lang ersehnte Skateranlage zu verschaffen."
Von der Anlage dürften nicht nur die Gütersloher Jugendlichen profitieren[2]. Elemente wie die „Backwall mit Quarter-Pipe", „Backwall mit Gap" oder die „Fun Box"[3] lassen Skater in der Region weite Wege in Kauf nehmen, um einmal darauf zu fahren. [...]

Initiative des Jugendparlaments

Claus Grabke und die Skater können sich noch weitere Elemente vorstellen, die den Skater-Standort Gütersloh noch weiter aufwerten könnten. Eine Mini-Rampe zum Beispiel oder eine Flutlichtanlage, mit deren Hilfe es möglich wäre, die Rampe auch nach 21 Uhr zu nutzen. Doch dafür kann die Stadt nicht mehr aufkommen – es werden Sponsoren gesucht.
Auf dem 20 mal 40 Meter großen Platz [...] stehen nun drei Elemente zur Verfügung, die Skatergruppen und Mitarbeiter der Fachbereiche Jugend und Grünflächen gemeinsam ausgewählt haben. Insgesamt wurden 2000 Quadratmeter Platten und 25 Kubikmeter Balken verbaut. Damit sei die Anlage sowohl für Anfänger als auch für Profis geeignet. [...]

Westfalenblatt, Ausgabe Gütersloh vom 28.06.2004

1 Jugendparlament: gewähltes Gremium von Jugendlichen, in dem Interessen der Jugendlichen in der Politik vertreten werden
2 profitieren: Nutzen haben
3 Die drei genannten Spezialbegriffe bezeichnen Elemente von Skaterbahnen.

Glossar

Alliteration: → *Sprachliche Mittel*

Anapher: → *Sprachliche Mittel*

Anekdote: Eine Anekdote ist eine kurze, humorvolle Erzählung über eine Begebenheit, die für eine historische Persönlichkeit oder einen bestimmten Zeitraum bezeichnend ist.

Auktorialer Erzähler: → *Merkmale erzählender Texte*

Bericht: → *Journalistische Textsorten*

Diagramm: → *Grafik*

Direkte Rede: → *Merkmale erzählender Texte*

Ellipse: → *Sprachliche Mittel*

Epik: Unter diesem Begriff fasst man alle Arten der erzählenden Dichtung zusammen. Es gibt viele epische Kleinformen (→ *Erzählung*, → *Fabel*, → *Kurzgeschichte*, *Märchen*, *Sage*, *Schwank*). Zu den umfangreicheren epischen Texten gehört der → *Roman*.

Erlebte Rede: → *Merkmale erzählender Texte*

Er-/Sie-Erzählung: → *Merkmale erzählender Texte*

Erzählperspektive: → *Merkmale erzählender Texte*

Erzählung: In der Literatur versteht man unter einer Erzählung alle kurzen erzählenden Texte, die nicht eindeutig einer anderen Kurzform (→ *Fabel*, *Märchen*, *Sage*, *Schwank*) zugeordnet werden können.

Essay: → *Journalistische Textsorten*

Euphemismus: → *Sprachliche Mittel*

Fabel: Dies ist eine zumeist kurze Erzählung, in der Tiere oder Pflanzen sich wie Menschen verhalten. Häufig stehen sich zwei Tiere mit gegensätzlichen Eigenschaften gegenüber. Meistens wird nach einer kurzen Einführung die Handlung durch Rede und Gegenrede fortgeführt und endet mit einem überraschenden Schluss. Am Beispiel des erzählten Geschehens wird eine Lehre gezogen oder Kritik an bestimmten Verhaltensweisen geäußert.

Gedicht: → *Lyrik*

Glosse: → *Journalistische Textsorten*

Grafik: Grafiken stellen statistische Größen und Größenverhältnisse mithilfe von Diagrammen bildlich dar. Man unterscheidet folgende Typen von Diagrammen:
1. Balkendiagramme oder Säulendiagramme, die absolute Zahlen anzeigen. Die Höhe der Säule oder die Länge des Balkens gibt eine Anzahl an.
2. Tortendiagramme bzw. Kreisdiagramme, die eine prozentuale Zusammensetzung einer Gesamtmenge verdeutlichen. Der Kreis ist in mehrere Teile unterteilt, die jeweils den Anteil an der Gesamtmenge wiedergeben.
3. Kurvendiagramme oder Liniendiagramme, die eine Entwicklung anzeigen. Die Daten von verschiedenen Zeitpunkten können mithilfe eines solchen Diagramms miteinander verglichen werden.

Hyperbel: → *Sprachliche Mittel*

Ich-Erzählung: → *Merkmale erzählender Texte*

Indirekte Rede: → *Merkmale erzählender Texte*

Innerer Monolog: → *Merkmale erzählender Texte*

Interview: → *Journalistische Textsorten*

Ironie: → *Sprachliche Mittel*

Journalistische Textsorten:

Informierende Texte
Die **Meldung** ist die Kurzform der Nachricht. Sie enthält nur die wichtigsten Informationen (Wer? Wo? Was? Wann?). Sie steht häufig auf der ersten Seite und weist meist auf einen ausführlichen Bericht im Innenteil der Zeitung hin.

Der **Bericht** ist die ausführliche Form der Nachricht. Er liefert eine detaillierte und sachliche Darstellung eines Sachverhalts.
Merkmale:
1. Die Überschrift (häufig mit Unterüberschrift) informiert sachlich.
2. Ein halbfett gedruckter Vorspann fasst die wichtigsten Informationen (W-Fragen) zusammen.
3. Im Hauptteil erfolgt eine ausführliche Darstellung der Nachricht mit Erklärung der Zusammenhänge und Hintergründe.
4. Die Darstellung ist sachlich, wertende Äußerungen durch den Berichterstatter fehlen.
5. Aussagen von Personen werden in direkter und indirekter Rede wiedergegeben.
6. Häufig ergänzt den Text ein erklärendes Bild.

Die **Reportage** ist das Ergebnis vielfältiger Nachforschungen (= Recherchen). Die Reportage will nicht nur informieren, sondern die Leser auch durch die lebendige Art der Darstellung in besonderem Maße ansprechen.
Merkmale:
1. Die Überschrift ist so formuliert, dass sie die Neugier der Leser weckt.
2. Häufig informiert ein halbfett gedruckter Vorspann über den Inhalt der Reportage.
3. Der Anfang lässt die Leser oft ein Geschehen miterleben.
4. Sachlich-informierende Textstellen wechseln mit persönlich-schildernden Darstellungen.

5. Dadurch ergibt sich oft ein Wechsel von Zeitstufen (z. B. Präteritum für Rückblick).
6. Häufig werden Aussagen von Personen in wörtlicher Rede wiedergegeben.
7. Oft findet man wertende Meinungsäußerungen der Autorin/des Autors.
8. Illustrierende oder erklärende Bilder unterstützen die Aussagen des Textes.
9. Der Name der Autorin/des Autors wird angegeben.

Das **Interview** ist das Ergebnis eines Gesprächs, in dem ein Journalist/eine Journalistin gezielte Fragen an eine Person stellt, die von ihr beantwortet werden. Das Ziel kann darin bestehen, aktuelle Informationen über bestimmte Sachverhalte zu erhalten oder die persönliche Meinung zu einem bestimmten Problem zu erfahren.

Kommentierende Texte
Der **Kommentar** liefert eine Meinung zu einem Sachverhalt. Diese kann zustimmend oder ablehnend sein.
Merkmale:
1. Häufig wird er in Verbindung mit einem Bericht oder einer Meldung geschrieben.
2. In vielen Zeitungen erscheinen die Kommentare an einer bestimmten Stelle (z. B. Kommentare zu politischen Ereignissen).
3. Kürzere Kommentare beziehen sich oft auf einen Artikel auf der gleichen Seite.
4. Die Autorin/der Autor wird genannt.
5. In der Regel verwenden Kommentare keine Bilder.

Oft haben Kommentare einen typischen Aufbau:
1. Zunächst werden die wichtigsten Informationen dargestellt, die zum Verständnis der Stellungnahme nötig sind.
2. Die Autorin/der Autor legt seine Meinung begründet dar.
3. Als Abschluss wird meist ein Wunsch oder ein Ausblick formuliert.

Die **Glosse** ist ein locker geschriebener, häufig kritisch gehaltener Kommentar zu einem aktuellen Ereignis. Glossen stehen in vielen Zeitungen und Zeitschriften an einem festen Platz, haben das gleiche Layout und sind eine Form der persönlichen Meinungsäußerung.
Merkmale:
1. Sie sind oft zugespitzt formuliert und humorvoll geschrieben.
2. Aktuelle Themen oder neue gesellschaftliche Erscheinungen werden kritisiert oder verspottet.
3. Die Kenntnis des Sachverhalts wird vorausgesetzt.
4. Sie enden oft mit einer überraschenden Wende am Schluss (Pointe).
5. In Glossen tauchen immer wieder ironische Formulierungen, sprachliche Bilder, Wortspiele, Doppeldeutigkeiten und Anspielungen auf.

Der (oder das) **Essay** ist eine kürzere, sprachlich lebendige Abhandlung, in der ein Problem von verschiedenen Seiten betrachtet und in der die persönliche Meinung der Autorin/des Autors zum Ausdruck gebracht wird.

Karikatur: Durch Über- oder Untertreibungen werden in Zeichnungen menschliche Schwächen oder Missstände kritisiert und lächerlich gemacht.

Klimax: → *Sprachliche Mittel*

Kommentar: → *Journalistische Textsorten*

Konjunktiv: Die Verbform, die wir normalerweise verwenden, nennt man **Indikativ (Wirklichkeitsform)**: *Er sagt: „Ich komme morgen."*
In der indirekten Rede (→ *Merkmale erzählender Texte*) verwendet man meistens den **Konjunktiv (Möglichkeitsform)**: *Er sagt, er komme morgen.*
Der Konjunktiv gibt an, was ein anderer gesagt haben soll.

Kurzgeschichte: Es handelt sich um einen kürzeren erzählenden Text. Die folgenden Merkmale sind zwar typisch für Kurzgeschichten, aber nicht immer treffen alle Kriterien in gleicher Weise zu.
Merkmale:
1. Die Handlung setzt unvermittelt ein. Es fehlen einleitende Angaben zu Ort, Zeit und Personen der Erzählung.
2. Gegenstand der Kurzgeschichte sind Alltagspersonen in Alltagssituationen.
3. Die Hauptperson ist einem Problem oder einer kritischen Situation ausgesetzt.
4. Oft nimmt die Handlung eine unerwartete Wendung.
5. Der Schluss ist offen. Der Leser soll über den Fortgang der Handlung selbst nachdenken.
6. Die Darstellung der Handlung ist kurz gefasst und auf das Wesentliche beschränkt.
7. Typische Merkmale der Sprache in Kurzgeschichten:
   – Wiederholungen, Aufzählungen,
   – Umgangssprache, Jugendsprache,
   – mehrere kurze Sätze, die aufeinanderfolgen,
   – unvollständige Sätze (Ellipsen).

Lyrik: Lyrik bezeichnet Dichtung in Versform (Gedichte). Früher wurden die Verse zur Lyra, einem alten Saiteninstrument, gesungen. Deshalb sagt man auch heute noch einfach: Lyrik ist liedartige Dichtung. Viele Gedichte sind vertont worden.
Im Gedicht drückt das → *lyrische Ich* seine Gefühle, seine Stimmungen, aber auch seine Erlebnisse, Einstellungen und Gedanken aus.
Viele Gedichte sind in **Strophen** gegliedert. Mindestens zwei Verszeilen werden in einer Strophe zusammengefasst. Oft beginnt mit einer Strophe ein neuer Gedanke. Es gibt Gedichte, die zwar einem bestimmten Rhythmus folgen, aber nicht am Wort- und Versende gereimt sind.
Durch **Reime** erhalten Gedichte eine bestimmte Klangwirkung. Durch den Gleichklang der Reimwörter (z. B. *küssen – müssen; Fassaden – baden*) werden oft zwei oder mehr Verszeilen miteinander verbunden.
Drei Reimformen werden besonders oft verwendet:

Paarreim	umarmender Reim
a Sonne	a Sonne
a Wonne	b Eis
b Eis	b heiß
b heiß	a Wonne

Kreuzreim
a Sonne
b Eis
a Wonne
b heiß

Unter dem **Metrum** eines Gedichts versteht man die Folge von betonten und unbetonten Silben in den Wörtern eines Verses:

x x́ x x́ x x́ x (= Jambus)
Es war, als hätt der Himmel …
x́ x x́ x x́ x x́ x (= Trochäus)
Als ich schläfrig heut erwachte …

Eine besondere Gedichtform stellt das **Sonett** dar. Diese Gedichtform wurde im 14.–16. Jahrhundert häufig verwendet. Sie besteht aus zwei Strophen zu vier Zeilen und zwei Strophen zu drei Zeilen. Häufig wird in den beiden Vierzeilern das Thema vorgestellt, während die abschließenden Dreizeiler eine Auswertung oder Schlussfolgerung beinhalten.

Lyrisches Ich: Das lyrische Ich kann die oder der Sprechende im Gedicht sein. Das lyrische Ich kann, muss aber nicht die Einstellung oder Stimmung der Dichterin/des Dichters wiedergeben.

Märchen: Märchen erzählen Geschichten, die sich in Wirklichkeit nicht ereignen könnten. Oft handeln sie von Zauberern, Hexen, Feen und sprechenden Tieren. In einer räumlich und zeitlich nicht festgelegten Welt steht die Hauptfigur vor großen Gefahren und kaum lösbaren Aufgaben. Die Zahlen 3, 6, 7, 12 spielen eine besondere Rolle. Auch formelhafte Sprüche sind typisch für Märchen. Am Ende siegt meist das Gute.

Merkmale erzählender Texte: Wenn man eine Erzählung analysieren will, ist die genaue Untersuchung von folgenden Merkmalen wichtig:

1. **Erzählperspektive:** Ein Autor kann in unterschiedlicher Weise erzählen. Daher unterscheidet man:
   Ich-Erzählung: Das Geschehen, aber auch Gedanken und Gefühle werden aus der Sicht einer bestimmten Figur in der 1. Person erzählt: *Meine Eltern schlafen sicher schon. Mir aber dreht sich der Kopf, und ich komm nicht zur Ruhe. Was soll ich nur tun? Könnte ich doch nur die Zeit um einen halben Tag zurückdrehen!*
   Er-/Sie-Erzählung: Der Erzähler stellt seine Personen in der dritten Person vor. Er kann dabei **als auktorialer Erzähler (auktoriales Erzählen/auktoriale Erzählsituation)** auftreten. Der Autor ist der Allwissende, der das Geschehen von außen erzählt und auch mehr weiß als die Figuren des Geschehens und daher Ereignisse voraussehen oder auf sie zurückblicken und sie kommentieren kann.
   Jan vermutete, dass seine Eltern schon schliefen, während er sich im Bett wälzte und sich heftige Vorwürfe machte. Ein bisschen tat er sich auch selbst leid. Seine Eltern schliefen jedoch keineswegs, sondern fassten einen Entschluss.
   Der Erzähler kann aber auch in der 3. Person aus der Sicht einer Person die Geschichte erzählen und kommentieren. Man spricht dann von einem **personalen Erzähler (personales Erzählen/personale Erzählsituation):**
   Jan wälzte sich im Bett und fand keine Ruh. Sicher würden seine Eltern schon schlafen. Warum nur konnte er die Zeit nicht zurückdrehen, nur einen halben Tag?

2. **Zeitverhältnisse:** Wenn ein Erzähler ein Geschehen, das in der Realität sehr kurz ist, sehr ausführlich darstellt und kommentiert, spricht man von **Zeitdehnung:**
   In diesem Augenblick des Fallens liefen die Ereignisse der letzten Tage in seinem Kopf wie in einem Film ab: die Begegnung mit seinem Vater, sein unbeherrschtes Verhalten Marion gegenüber und das Treffen mit dem großen Unbekannten, der ihn in diese ausweglose Situation gebracht hatte.
   Von **Zeitraffung** hingegen spricht man, wenn der Autor ein Geschehen, das in der Realität länger dauert, zusammenfasst, nur andeutet oder überspringt:
   Als Jan Stunden später im Krankenhaus aufwachte, hatte er Mühe, sich zurechtzufinden.

3. **Redeformen:** Der Erzähler kann unterschiedliche Redeformen verwenden.
   Direkte Rede: In wörtlicher Rede werden Äußerungen und Gedanken wiedergegeben: *Jan war aufgebracht: „Was wissen Sie schon, was geschehen ist!"*
   Indirekte Rede: Äußerungen werden vom Erzähler wiedergegeben, zumeist unter Verwendung des → Konjunktivs: *Vollkommen unbeherrscht machte er allen um ihn Stehenden Vorwürfe, dass schließlich niemand gekommen sei, ihm zu helfen, und er daher ganz allein auf sich selbst gestellt gewesen sei.*
   Erlebte Rede: Der Erzähler gibt die Gedanken und Gefühle in der 3. Person und meistens im Präteritum wieder: *Als alle den Raum verlassen hatten, war Jan sehr niedergeschlagen. War es nicht auch sein Fehler, dass es so weit gekommen war? War er nicht einfach zu stolz gewesen?*
   Innerer Monolog: Die Gedanken und Gefühle werden in der Ich-Form dargestellt, häufig im Präsens: *Jan nahm sein Handy und suchte die Nummer von Marion. Ich werde ihr alles erklären. Ich werde sie nicht um Verzeihung bitten, denn mein Verhalten kann man nicht entschuldigen.*

4. **Satzbau:** Man unterscheidet folgende Möglichkeiten des Satzbaus:
   – **Satzreihe (Parataxe):** Es werden nur Hauptsätze aneinandergereiht. Häufig sind sie kurz: *Jan schwieg. Sein Puls raste. Blut schoss ihm in den Kopf. Dann sprang er auf.*
   – **Satzgefüge (Hypotaxe):** Darunter versteht man den Verbund von Haupt- und Nebensätzen: *Als er die Tür öffnete (Nebensatz), blies ihm ein kalter Wind entgegen (Hauptsatz), der schon vor geraumer Zeit begonnen hatte zu wehen und sich nun zu einem Sturm entwickelte (Relativsatz).*

– **Unvollständige Sätze (Ellipse):** → *Sprachliche Mittel*
Die Wirkung dieser Satzformen kann sehr unterschiedlich sein und kann nur aus dem Zusammenhang des Textes erschlossen werden.

5. **Sprachliche Mittel:** → *Sprachliche Mittel*

Metapher: → *Sprachliche Mittel*

Metrum: → *Lyrik*

Neologismus: → *Sprachliche Mittel*

Parabel: Eine lehrhafte Erzählung über eine allgemeine Erkenntnis oder Wahrheit, in der anders als im Gleichnis der direkte Vergleich mit dem Vergleichswort „wie" fehlt. Die Parabel enthält eine Sachebene (Sachteil) und eine Bildebene (Bildteil). Die Leser müssen selbstständig von der Bildebene auf die Sachebene schließen.

Paradoxon: → *Sprachliche Mittel*

Parallelismus: → *Sprachliche Mittel*

Personaler Erzähler: → *Merkmale erzählender Texte*

Personifikation: → *Sprachliche Mittel*

Redeformen: → *Merkmale erzählender Texte*

Reim: → *Lyrik*

Reportage: → *Journalistische Textsorten*

Rhetorische Frage: → *Sprachliche Mittel*

Roman: Der Roman ist eine lange Erzählung, die zwischen hundert und mehreren tausend Seiten umfassen kann. Im Zentrum eines Romans steht oft die ausführliche Schilderung der problematischen Situation eines Einzelnen. Beschrieben wird, wie er in seiner Umgebung und mit seinen Mitmenschen lebt, sich verändert und entwickelt.

Rückblick: Vor allem in der → *Epik* (Erzählung, Roman) gibt es solche Einschübe, die vor der Zeit der eigentlichen Handlung spielen. Sie dienen dazu, die jetzige Situation oder das Handeln einer Figur zu erklären.

Sachtext: Ein Sachtext informiert über Tatsachen, Vorgänge und Sachverhalte. Er kann z. B. über die Tier- oder Pflanzenwelt informieren oder über bedeutsame Ereignisse. Sachtexte findet man in Zeitungen, Zeitschriften oder in Sach- oder Schulbüchern.

Satire: Eine satirische Darstellung zeigt menschliche Schwächen oder Fehler in stark übertriebener Darstellungsweise auf. Sie will diese lächerlich machen, zum Nachdenken anregen, kritisieren und häufig auch eine Änderung von Verhaltensweisen bewirken. Satire kann in den verschiedensten Textsorten auftreten.

Merkmale:
1. Ironie → *Sprachliche Mittel*
2. Übertreibungen und überzogene Vergleiche
3. Verspottungen durch ins Lächerliche gezogene Situationen
4. Wortspiele

Satzgefüge: → *Merkmale erzählender Texte*

Satzreihe: → *Merkmale erzählender Texte*

Sprachliche Mittel: Nahezu in allen Texten werden gezielt sprachliche Mittel eingesetzt, um bestimmte Wirkungen zu erzielen (siehe Übersicht Seite 144).

Sonett: → *Lyrik*

Strophe: → *Lyrik*

Umarmender Reim: → *Lyrik*

Vergleich: → *Sprachliche Mittel*

Vers: → *Lyrik*

Zeitdehnung: → *Merkmale erzählender Texte*

Zeitraffung: → *Merkmale erzählender Texte*

Zeitverhältnisse: → *Merkmale erzählender Texte*

Sprachliche Mittel	Erläuterung	Beispiel	mögliche Wirkung
Alliteration, die	Wiederholung von Anfangslauten bei aufeinanderfolgenden Wörtern	Milch macht müde Männer munter.	emotionale Verstärkung des gewünschten Eindrucks
Anapher, die	Wiederholung derselben Wortgruppe an Satz-/Versanfängen	Worte sind verletzend. Worte sind unersetzlich.	Eindringlichkeit; Rhythmisierung erreichen
Ellipse, die	unvollständiger Satz, der aber sinngemäß leicht zu ergänzen ist	Feuer! / Je früher der Abschied, desto kürzer die Qual.	der wichtigste Aspekt soll hervorgehoben werden
Euphemismus, der	Beschönigung	vollschlank statt dick / eingeschlafen statt gestorben	abgemilderte Negativbotschaft, taktisches Verhalten
Hyperbel, die	starke Unter- oder Übertreibung	Es ist zum Haareausraufen! / ein Meer von Tränen	Dramatisierung; starke Veranschaulichung
Ironie, die	Äußerung, die durchblicken lässt, dass das Gegenteil gemeint ist	Das hast du ja ganz toll hinbekommen! / Vier Wochen Regen. Super!	Herabsetzung; kritische Anmerkung; Stellungnahme
Klimax, die	Steigerung; meist dreigliedrig	Er kam, sah und siegte.	Dramatisierung
Metapher, die	verkürzter Vergleich, Verwendung eines Wortes in übertragener Bedeutung	Geldwäsche / Er war ein Löwe in der Schlacht. / Du bist meine Sonne.	Veranschaulichung
Neologismus, der	Wortneuschöpfung	Mobbing / Gammelfleisch / unkaputtbar (Werbesprache)	Hervorhebung
Paradoxon, das	Zusammenstellung von Wörtern, die sich eigentlich widersprechen	bittersüß / Vor lauter Individualismus tragen sie eine Uniform.	starker Anreiz zum Nachdenken
Parallelismus, der	Wiederholung gleicher Satzstrukturen	Ein Blitz leuchtete, der Donner folgte, ein Gewitter setzte ein.	Dramatisierung, Intensivierung
Personifikation, die	Vermenschlichung; Gegenstände oder Tiere erhalten die Eigenschaften oder Fähigkeiten von Menschen	Die Sonne lacht. / Die Smileys haben uns fest im Griff. / Mutter Natur	lebendige und anschauliche Darstellung
Rhetorische Frage, die	scheinbare Frage, deren Antwort jeder kennt; Leser und Zuhörer müssen zustimmen, da ihr Einverständnis vorausgesetzt wird	Gibt es den idealen Menschen? / Wer ist schon perfekt? / Wer glaubt denn das noch?	Mobilisierung einer bestätigenden Reaktion der Leser
Vergleich, der	Verknüpfung zweier Begriffe mit *wie*	Der Kämpfer ist stark wie ein Löwe.	anschauliche Darstellung